KB174265

Accounting Odysseia

회맹탈출을 위한

3주간의 회계여행

Prologue
회계여행, 그 닻을 올리자!

회맹會盲이라는 용어는 순전히 필자의 독창적인 표현이다. 글을 모르는 문맹文盲이라는 말을 차용하여 '회계를 전혀 모르는 상태'를 표현하고 싶었다.

회계는 사실 대단히 전문적인 영역이다.

공인회계사, 세무사라는 전문직이 존재하듯이 전문적인 영역이다.

전공을 하거나 제대로 마음먹고 특별히 공부하지 않으면 이해하기 힘든 영역이라 할 수 있다.

가정에도 회계가 필요하고 친구들 모임에도 회계가 필요하듯이 돈이 관련된 곳에는 회계가 반드시 필요하다. 2020년 한때 우리 사회를 떠들썩하게 만든 정의기억연대의 회계투명성 문제를 접한 많은 사람들이 회계의 중요성을 새삼 깨달았을 것이다. 하물며 돈을 버는 것이 목적인 사업business에는 회계가 더더욱 필요하고 중요하다. 특별히 이 책에서는 사업과 관련된 회계의 이야기를 하려고 한다.

사업은 한 마디로 '돈을 투자하여 돈을 굴려서 돈을 버는 일'이라고 할 수도 있다.

그러기에 사업을 제대로 이해하기 위해서는 '돈의 흐름'을 이해하는 것이 필요하다.

회계를 한 마디로 표현하라면 '돈의 흐름을 기록'하는 것이다.

돈의 흐름을 이해하려면 곧 회계를 이해하여야 한다는 말이 된다.

그러기에 흔히 '회계를 기업의 언어language of business'라고 하는 것이다.

우리나라의 대표적 기업 삼성전자의 주주는 사실 과반수55%, 2020년말 기준가 외국인이다. 이역만리 바다건너 있는 투자자가 삼성전자를 어떻게 판단하여 투자하고 있는 것일까? 기업을 판단 평가하는 방법은 수많이 있겠지만, 그 중에서 가장 중요하고 결정적인 수단을 말하라면 바로 해당 기업의 회계정보 즉 재무제표를 살펴보는 일이다. 회계가 없다면 이러한 일은 불가능한 일이다. 그러기에 회계는 사실 오늘날의 기업을 중심으로 움직이는 자본주의시스템을 뒷받침하고 있는 매우 중요한 하부구조라고 하지 않을 수 없다.

그런데 현실은 안타깝게도 회계를 제대로 이해하지 못하는 이른바 회맹인 경우가 많다. 그렇다고 다시 회계를 전공할 수도, 일부러 많은 시간을 들여 회계를 공부하기도 쉽지 않아 전전긍긍할 수밖에 없는 현실이다.

회계는 복식부기double-entry bookkeeping라고 하는 매우 기술적인technical 측면이 있어 회계를 처음 배우는 사람을 질리게 만들고 또 포기하게 만들기도 한다.

대부분 짐작하듯이 오늘날 회계는 정보기술의 도움으로 많은 기술적인 부분이 컴퓨터에 의해 해결되고 있고, 더구나 일반인회계정보이용자들의 입장에서는 회계정보를 만들어내는 복잡하고 기술적인 과정보다는 만들어진 회계정보를 어떻게 읽고 해석할지에 대한 지식이 훨씬 더 필요하고 유용할 수 있다.

Prologue
회계여행, 그 닻을 올리자!

회계를 이해하고 싶은데,
적절한 기회를 찾지 못해 전전긍긍하는 분들을 위해,
회계의 에센스를 모았다.

이 책에 담은 내용은 회계학의 핵심, 흔히 재무회계·세무회계·원가관리회계라고 불리는 내용의 핵심을 담았다.

재무회계는 장부를 기록하고 그 결과를 요약하여 공시하는 회계이고, 세무회계는 장부기록을 바탕으로 세법에 따라 세금을 신고 납부하는 회계이며, 원가관리회계는 원가를 파악하고 그 정보를 경영활동에 활용하는 회계분야를 말한다. 회계학을 전공한다는 것은 대략 이러한 내용들을 배우는 것이다.

이 책에서는 장부를 어떻게 기록하는 것이냐 하는 '복식부기절차'는 과감히 생략하였다. 회계의 기본이지만 이 부분은 회계담당자가 주로 담당하는 기술적 기능이며, 그 보다는 그 결과로 얻어지는 회계정보를 어떻게 읽고 해석할 것이냐가 보다 광범위하게 사람들에게 필요한 부분이라고 생각하기 때문이다.

이 책을 읽은 후, 이왕이면 회계기록방식을 이해하고 싶다면 '회계원리' 책을 통한 학습을 권한다. 부담되지 않은 시간의 투자로 회맹을 탈출하는 기회를 만들기를 기원한다.

이 책의 형식은 하루 한 테마를 익히는 것을 기본으로 하여 구성하였다. 그러나 회계 초학자에게 필요한 주제의 내용은 더하고, 부담스러운 주제의 내용은 과감히 뛰어 넘었다. 그러다 보니 단순한 분량으로만 보면 하루 하루의 분량에 편차가 꽤 있을 수도 있지만 각 주제의 내용을 조정한 결과이다. 그리고 매주 마지막 날에는 지난 6일 간의 학습내용을 정리하여 마무리하는 Wrap Up으로 꾸몄다.

트로이전쟁에서 승리한 전쟁영웅 오디세우스가 온갖 고난과 역경을 이겨내고 마침내 고향 이타카에 돌아간 것처럼, 용기를 내고 인내하여 드디어 새로운 세상을 보는 눈을 뜨게 되기를 희망한다.

2022년 새 봄

저자들 씀

Contents

제3주 원가로 길을 찾자

제1주

재무제표를 이해하자

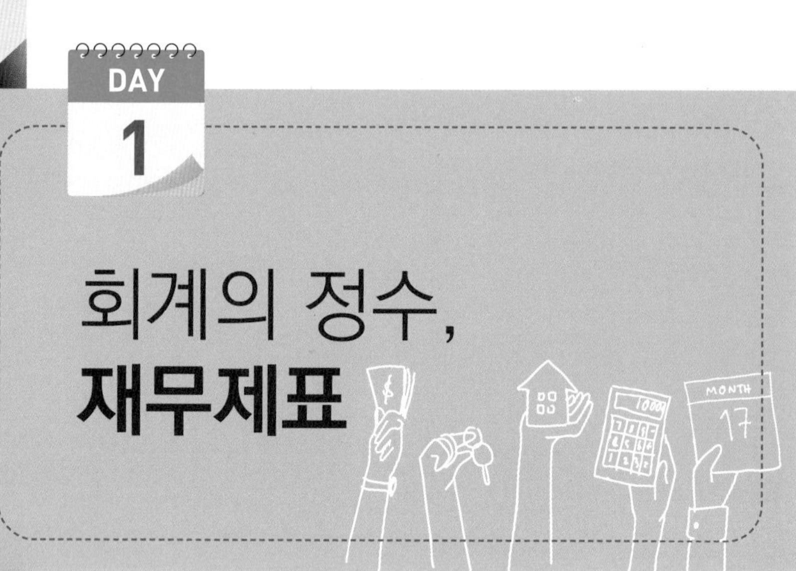

DAY 1

회계의 정수, **재무제표**

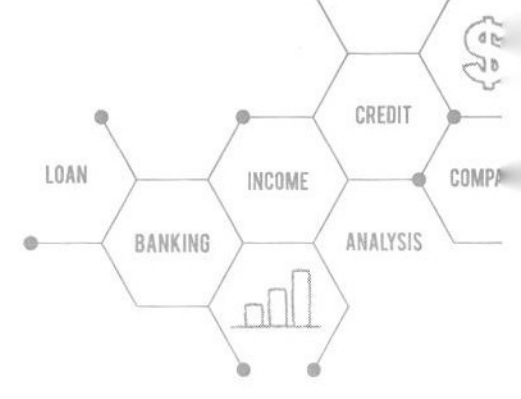

회계accounting란 무엇인가?

회계라고 하면 우리의 머릿속에 제일 먼저 생각나는 단어는 아마도 '돈'일 것이다. 필자가 경험한 바, 회계를 처음 배우는 학생들에게 회계가 무엇인지를 물으면, 돌아오는 답변은 항상 '돈 계산'이었다. 그렇다! 회계는 돈을 계산하는 것이다. 다만, 이때 돈이란 그야말로 돈cash만 의미하는 것이 아니라 돈의 가치로 계산되어 인식되는 모든 경제적 자원다음에 배우겠지만 자산, 부채, 자본, 수익, 비용 등을 의미하는 것이다.

회계는 '돈의 흐름을 기록하는 것'에서 출발한다. 돈의 흐름을 기록하되, 아무렇게나 제멋대로 기록하는 것이 아니라, 소위 복식부기複式簿記라고 하는 체계적인 방식으로 기록한다. 복식부기는 중세기 상업중심지이던 베니스상인들에 의해 잘 정립되었던 기록방식으로, 르네상스시대 1494년 루카 파치올리Luca Pacioli에 의해 정리되어 소개된 방식이다.

누구나 한번쯤은 보았을 〈그림 1-1〉과 같은 현금출납장을 떠올려보자. 현금의 수입과 지출을 한 열column에 예컨대 수입은 더하기+로 지출은 빼기-로 하여 기록하지 않고, 수입과 지출을 각각 다른 열에 기록하고 그 차이로 잔액을 계산하여 적는 것을 볼 수 있다.

p.

현금출납장

일자	적요	수 입	지 출	잔 액

그림 1-1 _ 현금출납장

복식부기 회계에서는 이렇게 금액을 기록하는 열을 두 개 두고, 두 열 중 왼쪽 열을 차변借邊, debit, 오른쪽 열을 대변貸邊, credit이라고 부른다. 모든 돈의 흐름을 차변과 대변에 동일한 금액을 기록하는 방식이 곧 복식부기의 기본이다. 한 거래에 대하여 차변과 대변 양쪽에 이중으로 두 번 기록한다고 하여 복식부기複式簿記, double-entry bookkeeping라고 부르는 것이다. 모든 거래, 즉 돈의 흐름은 복식부기의 방식으로 장부에 기록된다. 물론 요즈음은 거의 대부분의 기업들이 종이로 된 장부가 아니라 전산화된 장부, 즉 컴퓨터에 기록하고 있다.

그러면 장부란 무엇인가?

돈의 흐름이 발생하는 모든 거래는 장부에 기록되는데, 모든 거래를 한 곳에 기록하는 것이 아니라 항목별, 예컨대 현금, 건물, 비품, 차입금, 자본금, 매출, 급여 등으로 따로 기록하게 되는데, 이렇게 항목별로 따로 기록하는 장소를 회계에서는 계정計定, account; a/c이라고 한다. 즉, 현금의 변동은 현금계정에, 차입금의 변동은 차입금계정에, 급여의 지급은 급여계정에 기록하는 식이다. 이때 각 계정에 기록하는 항목을 나타내는 현금, 차입금, 급여 등의 이름을 계정과목計定科目이라고 한다.

각 계정은 〈그림 1-2〉와 같은 형식으로 되어 있다. 앞에서 말한 대로 차변과 대변의 금액을 기입하는 두 열이 있는데, 계정의 성격에 따라 어떤 계정은 차변에 더하기 대변에 빼기를 기록하는 반면, 어떤 계정은 대변에 더하기 차변에 빼기를 기록한다이에 대한 설명은 뒤에 하기로 한다. 계정형식은 대체로 다음과 같이 차변과 대변, 그리고 더하기 합계에서 빼기 합계를 차감한 잔액을 기록하는 열이 있다.

p. ○ ○ 계정

일자	적요	차변금액	대변금액	잔 액

그림 1-2_ 계정 형식(잔액식)

회계교육에서는 계정을 쉽게 설명하기 위하여 아래 〈그림 1-3〉과 같이 T자 형식으로 나타내기도 하는데 이를 T계정이라고 한다. 단순하지만 계정의 핵심요소인 계정과목, 차변, 대변이 나타난다.

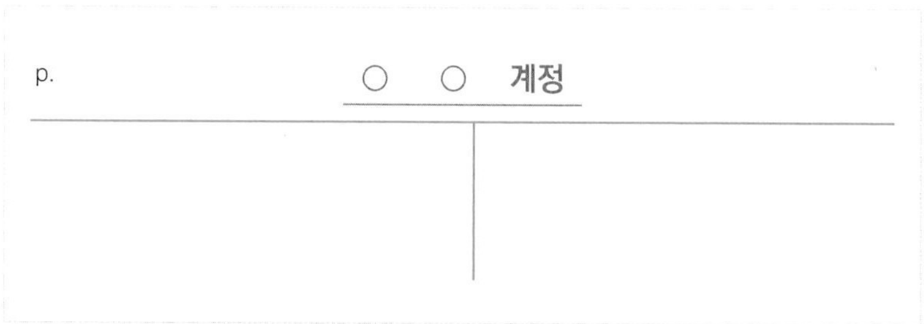

그림 1-3_ T 계정

이러한 모든 계정을 한 곳에 모아둔 장부를 원장元帳, ledger 또는 총계정원장이라고 한다. 일반적으로 장부라고 하면 이 원장을 의미한다.

- 기업은 1년을 회계연도fiscal year로 하여 회계기록을 한다. 한 회계연도가 반드시 1월 1일부터 12월 31일까지일 필요는 없지만, 거의 대부분의 기업들은 역년曆年, calender year과 회계연도를 일치시키고 있다. 그 기간 동안의 모든 거래를 원장에 기록하고, 회계연도 말에

표 1-1_ 회계기준의 종류와 적용기업

회계기준	적용대상기업
한국채택국제회계기준(K-IFRS)	상장기업 등 대기업
일반기업회계기준(K-GAAP)	비상장 외부감사대상주식회사
중소기업회계기준	중소기업

원장에 기록된 결과를 요약하고 정리하는 절차, 즉 결산決算을 행한다. 그 결과 재무제표라고 하는 결과물을 만들어 낸다.

재무제표의 종류 및 그 작성에 대해서는 회계기준에 정하고 있는데, 잠시 여기서 회계기준 이야기를 하고 넘어가자. 각 나라들은 기업들이 회계처리를 하고 재무제표를 작성할 때 일반적으로 따라야 할 규범으로 회계기준accounting standards을 정하는데, 우리나라에서는 〈표 1-1〉과 같이 적용할 대상기업에 따라 세 가지의 회계기준을 정하고 있다. 짐작하겠지만, 상장기업 등에 대해서는 국제 수준의 회계기준을 정하고 있으며, 중소기업에 대해서는 훨씬 단순하고 간략한 회계기준을 정하고 있다.

재무제표財務諸表, financial statements의 종류는 〈표 1-2〉와 같이 회계기준 및 상법에서 약간 다르게 규정하고 있다.

K-IFRS와 K-GAAP을 비교하면, K-IFRS에서는 포괄손익계산서, K-GAAP에서는 손익계산서로 하고 있는 것이 다르다. 이에 대해서는 뒤

표 1-2_ 재무제표의 종류

구분	한국채택 국제회계기준 (K-IFRS)	일반기업 회계기준 (K-GAAP)	중소기업 회계기준	상법 (주식회사)
재무제표 종류	재무상태표 포괄손익계산서 현금흐름표 자본변동표 주석	재무상태표 손익계산서 현금흐름표 자본변동표 주석	대차대조표 손익계산서 자본변동표 이익잉여금처분계산서 (결손금처리계산서)	대차대조표 손익계산서 자본변동표 현금흐름표 이익잉여금처분계산서 (결손금처리계산서) 주석

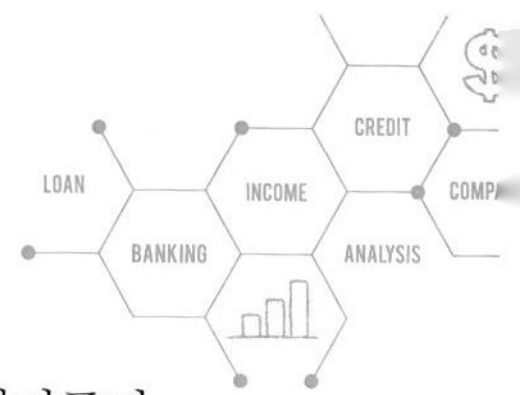

에 손익계산서를 설명하면서 보충 설명할 것이다. 중소기업회계기준과 상법에서는 재무상태표를 옛 명칭인 대차대조표로 부르고 있고, 이익잉여금처분계산서 또는 결손금처리계산서를 재무제표로 규정하고 있다. 중소기업회계기준에서는 주석을 재무제표로 보고 있지 않다. K-IFRS와 K-GAAP에서는 상법에서 요구하는 이익잉여금처분계산서 또는 결손금처리계산서를 주석에서 표시한다.

이 책에서는 그중에서도 일반적으로 더욱 중요시되는 재무상태표, 포괄손익계산서, 현금흐름표를 중심으로 설명하고, 필요한 경우 보충적으로 설명한다.

비교재무제표

모든 재무제표는 직전연도와 비교하는 형식으로 작성하는데, 이를 비교재무제표라고 한다. 홍길동의 지금 키가 170cm라고 하는 것과 작년에 160cm이었는데 올해는 170cm라고 하는 것에는 정보의 수준이 다르다. 회계기준에서는 정보이용자가 정보를 충분히 이해할 수 있도록 비교재무제표로 작성하여 공시하도록 하고 있다. 다만, 중소기업회계기준에서는 당해연도분만으로 작성할 수도 있도록 하고 있고, 상법에서는 그에 대한 특별한 규정은 없다. 첨부된 삼성전자의 재무제표를 보면 모두 당해 연도2020년와 전년도2019년의 수치를 비교하는 형식으로 작성되어 있음을 알 수 있다.

연결재무제표

우리나라의 재벌기업 또는 대기업집단처럼 여러 기업이 지배회사와 종속회사로 집단을 이루는 경우, 경제적 실질을 고려하여 하나의 경제적 실체로 생각하여 모두 합한 하나의 재무제표를 작성할 수 있는데, 이를 연결재무제표라고 한다. 연결재무제표를 작성하는 경우 개별기업의 재무제표는 별도재무제표라고 부른다. K-IFRS는 연결재무제표를, K-GAAP는 별도재무제표를 기본재무제표로 하고 있다.

이렇게 재무제표는 회계의 결과물output이며 곧 회계의 정수라고 할 수 있다. 기업의 재무제표를 이용하는 다양한 이해관계자들, 즉 주주·채권자·경영자·종업원·노조관계자 등은 회계가 구체적으로 어떻게 이루어지는지를 알지 못한다 하여도, 그 결과물을 통하여 기업의 재무상태나 경영성과를 잘 파악할 수 있다.

종종 기업의 투명성문제가 거론되는 것을 접할 수 있는데, 기업의 투명성이라고 할 때 1차적으로 문제되는 것이 바로 회계투명성이다. 이때 회계투명성이란 대표적인 회계정보인 재무제표를 보면 기업사정을 투명하게transparently 파악할 수 있다는 것을 의미한다.

기업의 대부분 활동은 돈 흐름을 동반하고, 돈 흐름은 회계시스템에 기록되며, 기록된 내용은 재무제표로 요약된다. 따라서 회계절차가 정당하게 잘 이루어졌다면, 재무제표는 기업사정을 투명하게 잘 나타낼 것이다. 만일 회계수치가 좋게 보이도록 꾸미는 분식회계粉飾會計에 의해 회계가 부당하게 이루어졌다면 재무제표를 통해 기업사정을 투명하게 파악할 수 없으므로 회계투명성, 기업투명성에 문제가 발생한다.

1997년 우리나라가 외환위기로 IMF의 지원을 받았을 때, IMF가 개선을 지적한 것 중에 하나가 우리나라의 회계투명성이 선진국 수준에 많이 뒤진다는 것이었다. 따라서 회계수준을 높여 회계투명성을 높일 것을 요구하였고, 그에 따라 우리나라에서는 회계기준의 선진화에 박차를 가하여 마침내 국제회계기준K-IFRS을 받아들이게 되었다. 그럼에도 불구하고 아직까지 우리나라의 회계수준은 국제적 평가에서 늘 하위수준에 머무르고 있다는 것은 아쉬운 점이다.

이제 재무제표 중 일반이용자들이 더욱 중요시하는 재무상태표, 손익계산서, 현금흐름표의 순으로 읽고 해석하는 방법을 차근차근 배워나갈 것이다.

DAY 2

재무상태표

재무상태표는 쉽게 말해 말 그대로 기업의 재무상태financial position를 나타내는 표이다.

신문이나 TV 뉴스에 보면 어느 재벌의 재산은 얼마이고, 어느 정치가의 재산은 얼마라는 등 흔히 '재산財産'이라는 말을 많이 사용한다. 그러나 회계에서는 공식적으로 재산이라는 말 대신에 그 형태나 귀속상태에 따라 자산, 부채, 자본이라는 말로 일목요연하게 구분한다. 가상기업 미래시스템의 예로 생각해 보자.

「홍길동은 미래시스템을 창업하면서 그동안 모아두었던 돈 5,000만 원과 은행에서 빌린 돈 3,000만 원을 투자해 사업을 시작했다. 그 돈을 사무실 전세보증금으로 4,500만 원, 비품구입에 300만 원을 쓰고, 2,500만 원은 운영자금용으로 은행에 예금해 두고, 나머지 700만 원은 사소한 지출을 위해 현금으로 가지고 있는 상태이다.」

이러한 미래시스템의 재산상태[❖1]를 회계에서는 자산, 부채, 자본으로 분류해 체계적으로 나타낼 수 있다.

재무상태표 등식

미래시스템의 총재산은 전세보증금4,500만 원, 비품300만 원, 예금2,500만 원, 현금700만 원 합하여 총 8,000만 원이 된다. 그런데 흔히 재산이라고 생각하는 회사소유의 이런 가치물들을 회계에서는 '자산資産, assets'이라고 한다. 즉, 미래시스템의 자산은 8,000만 원이 된다.

그런데 이 자산 8,000만 원은 홍길동의 자기 돈 5,000만 원과 은행으로 빌린 돈 3,000만 원으로 이루어진 것이다. 자산에 투자된 사업주 또

❖1 이를 회계용어로 '재무상태'(財務狀態)라고 한다

는 주주의 자기 돈을 회계에서는 자본資本, owner's equity이라고 하고, 은행 등 남으로부터 빌린 돈을 회계에서는 부채負債, liabilities라고 한다.

그러므로 자산과 부채, 자본은 다음과 같은 관계로 이루어진다.

이 관계를 일목요연하게 잘 정리한 표가 이른바 재무상태표財務狀態表, statement of financial position이다. 따라서 이 관계식을 일명 재무상태표등식이라고 한다.

주목하자! '자산 = 부채 + 자본'의 이 등식은 수학적 관계로만 보면 '자산 - 부채 = 자본'이라든가 '부채 + 자본 = 자산', '자본 = 자산 - 부채' 등 좌우를 바꾸거나 순서를 바꾸어서 얼마든지 변형할 수 있지만, 독자들은 좌우나 순서를 절대 바꾸지 말고 '자산 = 부채 + 자본'의 형식으로 꼭 기억해 두기를 강권한다. 이 순서에 기준하여 회계처리하고 또 재무상태표도 작성하기 때문이다.

모든 기업의 재무상태는 이 재무상태표등식으로 표현할 수 있다. 이 등식을 근간으로 하여 재무상태를 나타내고, 기업의 활동으로 인한 재무상태 즉, 자산·부채·자본의 변동을 기록하고 정리하는 것이 곧 복식부기방식이다.

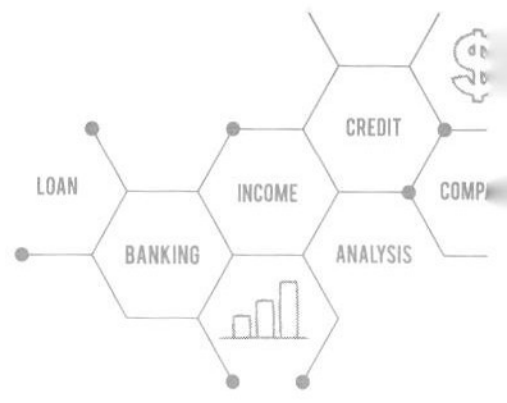

재무상태표 형식

재무상태표는 두 가지 형식으로 작성될 수 있다.

먼저 미래시스템의 재무상태를 첨부된 삼성전자의 재무상태표 형식처럼 아래와 같이 자산, 부채, 자본의 순서대로 나란히 배치하는 방법이다.

재무상태표

2020년 **월 **일 현재

미래시스템 (단위: 원)

자　　산	80,000,000
부　　채	30,000,000
자　　본	50,000,000
부채와 자본 총계	80,000,000

이 형식을 보고식 재무상태표라고 한다. 항상 부채와 자본은 그 합계를 표시하여 자산과 일치함을 나타낸다. 재무상태표는 어떤 기업의 특정 일자의 재무상태를 나타내는 표이므로, 반드시 회사명과 일자, 그리고 금액단위가 표시된다.

또 다른 형식은 계정형식으로 작성된다고 하여 계정식 재무상태표라고 하는데, 아래와 같은 형식으로 작성된다.

재무상태표

2020년 **월 **일 현재

미래시스템 (단위: 원)

자　산	80,000,000	부　　채	30,000,000
		자　　본	50,000,000
자산총계	80,000,000	부채와 자본 총계	80,000,000

앞에서 설명한 대로 계정은 항상 왼편차변과 오른편대변의 두 열의 금액 기입란을 가지고 있는 것처럼 자산, 부채, 자본을 계정처럼 두 열로 배치한다. 배치방식은 재무상태표등식에 따라 자산은 왼편, 부채와 자본은 오른편으로 배치하고, 부채와 자본의 합계를 표시하여 자산합계와 일치함을 나타낸다.

재무상태표를 계정식으로 작성해 놓고 보면 재무상태표가 과거 오랫동안 '대차대조표貸借對照表'라는 이름으로 불렸고, 지금도 상법과 중소기업회계기준에서는 대차대조표라고 부르고 있는 이유를 알 수 있다.

이제 재무상태표를 구성하는 요소, 즉 자산·부채·자본을 차례대로 자세히 살펴보자.

자산

흔히 재산이라고 이야기하는 회사 소유의 유무형 가치물들을 회계에서는 자산資産, assets이라고 한다. 자산에는 현금과 예금·매출채권·유가증권·제품 등과 같이 보통 1년 안에 영업활동을 거쳐 현금화되는 유동자산流動資産과 그와는 달리 건물이나 기계처럼 돈이 장기간 기업에 잠기는 비유동자산非流動資産이 있다. 비유동자산에는 장기성예금과 같이 장기적으로 투자한 투자자산投資資産, 토지·건물·기계 등과 같이 눈에 보이는

표 1-3_ 자산의 분류

분류			예
자산	유동자산		현금, 예금, 매출채권, 유가증권, 제품
	비유동자산	투자자산	장기성예금
		유형자산	토지, 건물, 기계장치
		무형자산	특허권

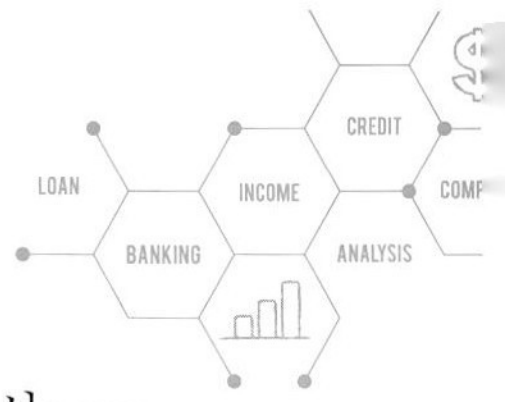

구체적인 유형자산有形資産, 특허권과 같은 무형의 권리인 무형자산無形資產 등이 있다<표 1-3> 참조.

부채

홍길동은 미래시스템을 창업하면서 은행으로부터 3,000만 원을 빌렸다. 이 돈은 언젠가 은행에 갚아야 할 빚이다. 이렇게 남에게서 빌린 돈, 남에게 지급해야 할 채무를 회계에서 '부채負債, liabilities'라고 한다. 부채 또한 외상으로 매입한 매입채무나 단기차입금 등과 같이 1년 안에 갚아야 하는 유동부채流動負債와 장기차입금이나 사채社債 등과 같이 1년 이후에 갚으면 되는 비유동부채非流動負債로 나눌 수 있다<표 1-4> 참조.

표 1-4_부채의 분류

분류		예
부채	유동부채	미지급금, 매입채무, 단기차입금
	비유동부채	장기차입금, 사채(社債)

자본

홍길동은 미래시스템을 창업하면서 은행에서 3,000만 원을 빌렸으므로, 미래시스템의 총자산 8,000만 원에서 은행에 대한 부채 3,000만 원을 차감한 5,000만 원은 홍길동의 몫이 된다. 흔히 총재산에서 빚을 차감한 순재산의 개념과 같다. 이러한 회사의 자산에 대한 사업주주주의 몫을 회계에서 자본資本, owners' equity이라고 한다. 현재 미래시스템의 자본은 홍길동이 투자한 5,000만 원이지만, 앞으로 사업을 하여 버는 돈 또한 사업주인 홍길동의 몫이 될 것이다.

소유자지분을 나타내는 자본은 사업주主主가 투자한 돈뿐만 아니라 벌어들인 돈도 포함하게 되는데, 전자를 자본금 후자를 이익잉여금이라고 한다. 또 주식회사가 액면 이상으로 주식을 발행하는 경우, 예컨대 액면 5,000원의 주식을 8,000원으로 발행하였다면 액면금액 5,000원은 자본금으로 기록되지만 3,000원은 주식발행초과금이라는 특별한 계정으로 기록하는데, 이는 자본 중 자본잉여금이라고 분류된다. 그리고 특별한 경우의 기타 분류로 기록하는 항목도 있다.

대규모 주식회사인 경우 회계상 자본의 구조가 복잡해진다. 따라서 한 회계연도 동안에 자본이 어떻게 변동하였는지를 일목요연하게 나타내 줌으로써 회계정보이용자들이 잘 판단할 수 있도록 정보를 제공해줄 필요가 있다. 따라서 이러한 요구에 맞춰 작성하는 재무제표가 바로 자본변동표資本變動表이다.

특별한 경우 복잡한 분류가 수반되지만, 기초 수준에서는 자본은 주로 투자한 돈인 자본금과 벌어들인 이익잉여금으로 구성되는 것으로 이해하면 충분하다<표 1-5> 참조.

특별히 주식회사의 경우 자본에 대한 몇 가지 설명을 추가한다. 주식회사는 주식을 발행하여 자본금을 조달하는 회사라는 것은 모두가 알 것이다. 주식을 발행할 때 대체로 액면 5,000원의 주식을 발행하는데, 액면가대로 발행하는 경우도 있지만, 많은 경우 액면가 이상으로 발행하

표 1-5_ 자본의 분류

분류		예
자본	자 본 금	자본금(불입자본)
	이익잉여금	당기순이익, 미처분이익잉여금
	자본잉여금	주식발행초과금
	기타자본항목	자본조정, 기타포괄손익누계액

기도 한다. 바로 앞에서도 설명하였지만, 만일 A주식회사가 액면 5,000원의 주식 10,000주를 주당 8,000원으로 발행하였다면 자본금은 얼마가 될까?

실제 돈은 8,000만 원이 들어오지만, 회계상 자본금은 액면가대로 5,000만 원으로 기록하고 나머지 3,000만 원은 주식발행초과금이라는 자본잉여금 항목으로 기록하게 된다. 즉, 주식회사의 자본금은 발행가액에 관계없이 액면가액대로 기록된다.

주식회사의 자본금 = 1주당 액면가액 × 발행주식 수

주식회사가 발행한 주식은 특히 상장된 경우에 매일 그 가격이 변하는 것을 볼 수 있다. 만일 앞에서 발행한 A주식회사의 주식이 상장되어 주식가격이 15,000원으로 껑충 뛰었다고 하자. 그러면 A주식회사의 자본금은 어떻게 변할까? 정답은 '변하지 않는다'는 것이다. 주식의 실제가치의 변동과 관계없이 자본금은 언제나 액면가액으로 기록되어 있다. 그러면 주식을 발행한 회사는 주가가 오른다고 무엇이 좋아지는 것일까? 주가가 올라간다면, 특별히 자본금은 변동 없지만, 시장에서 평가하는 회사의 가치가 올라간다는 것이고, 추후 신주를 발행하는 경우 더 높은 가격으로 주식을 발행할 수 있어 더 많은 자금을 조달할 수 있어 좋은 것이다.

"주식가격이 변동하더라도 그 회사의 자본금은 변동 없다."

이상에서 재무상태표가 어떤 형식으로 작성되며 어떤 내용을 담고 있는지를 살펴보았다. 즉, 한 기업의 특정 시점의 재무상태를 자산, 부채, 자본으로 일목요연하게 잘 정리하여 나타낸 표라고 할 수 있다.

재무상태표를 통해서 우리는 당해 회사의 재무상태를 일단 개략적으로 쉽게 파악할 수 있다. 삼성전자의 경우, 첨부된 재무상태표를 보면, 2020년 말 현재 자산이 229조 원이나 되는 엄청난 규모의 회사지만, 부채 또한 46조 원 수준이며, 그래서 자본은 183조 원쯤 되는 회사라는 것을 읽을 수 있다.

이렇게 제시된 숫자를 바로 읽어서도 재무상태를 가늠해 볼 수 있지만, 재무상태표에 나타난 수치를 서로 관계시켜 더욱 의미 있는 정보를 이끌어낼 수도 있다. 이를 흔히 재무제표분석 또는 경영분석이라고 한다. 여기서는 재무상태표 분석을 통해 이끌어낼 수 있는 대표적 재무지표 두 가지를 살펴본다.

부채비율

어떤 기업이 재무적으로 안전한지 위험한지를 평가하는 대표적인 지표는 부채가 얼마나 되느냐를 보는 것이다. 단순히 절대적인 수치로 부채금액을 평가할 수도 있지만 그렇게만 평가하는 데는 문제점이 있다. 예컨대, 같은 5,000만 원의 부채이더라도 자산이 1억 원인 회사의 부담과 자산이 100억 원인 회사의 부담은 전혀 다를 것이기 때문이다. 따라서 일반적으로 기업이 자기자본에 비하여 부채가 얼마나 되는지를 비율로 계산하고 이를 부채비율debt to equity ratio이라고 한다.

$$\text{부채비율} = \frac{\text{부채}}{\text{자본}} \times 100(\%)$$

첨부된 삼성전자의 재무상태표 자료를 이용하면 부채비율은 25.3%로 계산된다.

$$부채비율 = \frac{46,347,703}{183,316,724} \times 100(\%) = 25.3(\%)$$

일반적으로 기업의 재무구조가 양호한지를 평가하고, 재무구조를 개선하는 문제를 이야기할 때는 바로 이 부채비율을 말한다. 부채비율은 낮을수록 양호한 것으로 평가한다. 절대적인 기준은 없지만 일반적으로 자기 돈으로 남의 돈을 갚을 수는 있어야 한다는 생각으로 100% 이하를 양호한 수준으로 본다.

오래전 우리나라의 금융위기1997년 외환위기, IMF사태 이전의 상황을 보면, 대기업들이 금융기관의 차입에 지나치게 의존하여 기업의 외형 성장을 추구하던 시기, 우리나라의 대표적인 기업들의 부채비율이 모두 500%, 600%, 심지어 1,000%까지 되는 경우도 있었다. 그 이후 지속적인 기업들의 재무구조 개선 노력으로 지금은 양호한 수준으로 유지하고 있는 편이다. 삼성전자의 경우, 2020년 말 현재 부채비율25.3%은 매우 양호한 수준을 나타내고 있다.

유동비율

기업은 이익추구를 목적으로 운영되는 조직이므로 일차적으로 이익을 얻는 것이 중요하지만, 도산한 기업들의 상황을 보면 의외로 이익을 잘 실현하고 있으면서도 도산한 경우가 종종 있다. 기업을 운영하면서 자연스럽게 부담하게 되는 부채매입채무, 차입금 등를 제때 상환하지 못하면서 부도를 맞게 되는 경우이다.

그러므로 특히 부채 중 1년 안에 조만간 갚아야 될 유동부채를 지급할 수 있는 현금 등 가용자산유동자산이 충분히 확보되어 있는지를 평가해 보는 것이 필요하다. 이를 평가하는 재무지표가 유동부채에 대한 유동자산의 비율로 계산된 유동비율current ratio로 다음과 같이 계산된다.

$$유동비율 = \frac{유동자산}{유동부채} \times 100(\%)$$

유동비율은 높을수록 양호한 것으로 평가한다. 절대적인 평가기준은 없지만 유동부채보다 유동자산이 많으면 될 것이다. 그런데 유동자산 중에는 상품, 제품 등의 재고자산처럼 현금화하는 데 시간이 지체되는 등 문제가 있어, 이를 감안하여 전통적으로 유동비율은 200% 이상 되는 것이 양호하다고 평가한다two-to-one rule.

첨부된 삼성전자의 재무상태표 자료를 이용하면 유동비율은 166.2%로 계산되어 비교적 양호한 수준으로 평가된다.

$$유동비율 = \frac{73,798,549}{44,412,904} \times 100(\%) = 166.2(\%)$$

회맹탈출을 위한 3주간의 **회계여행**

손익계산서

사업을 하면 일정 시점에서 회사의 재무상태를 아는 것도 필요하지만, 일정 기간 동안에 얼마나 벌었는지를 아는 것이 또 중요하고 필요하다. 일정 시점에서의 재무상태를 나타내는 표가 재무상태표라면, 일정 기간회계연도 동안의 경영성과를 체계적으로 나타내는 표가 곧 손익계산서損益計算書, income statement이다.[2]

기업은 이익을 목적으로 운영되는 조직이다. 따라서 제대로 벌고 있는지 이익을 잘 계산하는 것은 무엇보다 중요한 일이다.

이익을 계산하는 것은 사실 아주 간단한 일이다. 사과 한 상자를 20,000원 주고 사서 25,000원에 팔면 5,000원이 남는다. 이때 회계에서는 사과를 팔아서 받은 돈매출을 수익, 판 사과를 사는 데 든 돈매출원가을 비용, 수익에서 비용을 차감하여 남은 돈을 이익이라고 한다. 이를 식으로 표현하면 다음과 같다.

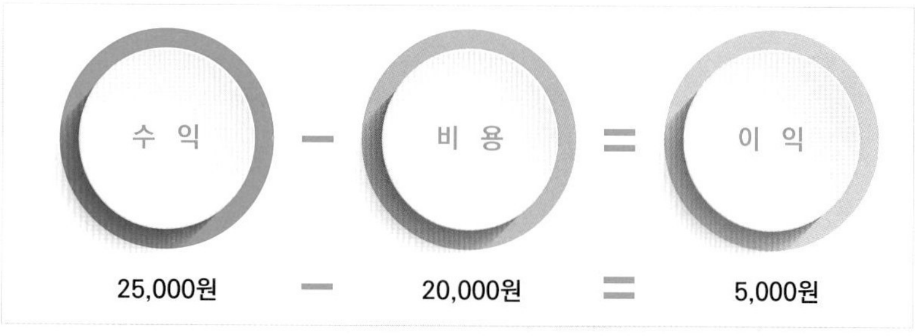

이러한 형식으로 기업의 이익을 계산하여 나타내는 표가 곧 손익계산서이다. 예컨대, 미래시스템이 2020년 1년 동안에 수익이 9,000만 원, 비용이 5,500만 원이었다면, 1년 동안의 이익은 3,500만 원이다. 이때 이익은 특별히 당기순이익當期純利益, net income이라고 표현하는데, 이번 회계

[2] K-IFRS에서는 포괄손익계산서를 기본재무제표로 하고 있으나, 일반기업회계기준과 중소기업회계기준에서는 손익계산서를 기본재무제표로 한다. 포괄손익계산서는 손익계산서의 마지막 항목인 당기순이익에서 기타포괄손익을 가감하여 총포괄이익을 마지막으로 나타낸다. 지금 단계에서 '포괄손익'의 개념을 설명하기에는 적합하지 않으므로, 이를 제외한 손익계산서의 개념으로 설명한다.

연도 동안의 이익이라는 뜻이다. 이 내용은 다음과 같은 형식의 손익계산서로 작성된다.

손익계산서

2020년 1월 1일부터 2020년 12월 31일까지

미래시스템	(단위: 원)
수 익	90,000,000
비 용	55,000,000
당기순이익	35,000,000

이제 손익계산서에 표시하는 수익과 비용의 내용에 대하여 자세히 살펴보자.

수익

기업은 고객이 원하는 제품상품이나 서비스를 판매하여 돈은 버는 것을 목적으로 한다. 자동차회사는 자동차를 만들어 팔아서, 컴퓨터회사는 컴퓨터를 만들어 팔아서, 그리고 백화점은 고객이 원하는 상품을 구매하여 팔아 돈을 번다. 통신회사는 통신서비스를 팔고, 버스회사는 운송서비스를 팔고, 학원은 교육서비스를 팔아 돈을 버는 것이다. 이때 기업이 제품이나 서비스를 판매 또는 제공하고 받는 돈을 회계에서는 수익收益, revenue이라고 한다.

수익은 현금을 받을 때 사용하는 수입收入이라는 용어와 착각하면 안 된다. 반드시 현금이 들어오지 않더라도 벌어들인 것으로 계산할 때가 있기 때문이다.[❖3] 수익은 주로 기업이 주요 목적으로 하는 제품이나 서

❖3 이러한 회계처리방식을 발생주의라고 하는데, 뒤의 '현금흐름표'에서 설명할 것이다.

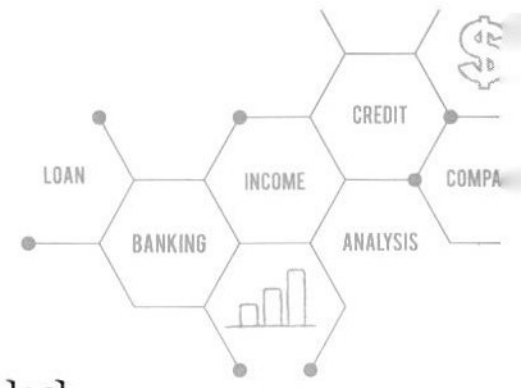

비스를 팔아서 발생하는데 이를 매출이라는 계정과목으로 처리한다.

그러나 자동차회사라고 해서 자동차만 팔아서 돈을 버는 것이 아니라 여윳돈이 있으면 이를 빌려주거나 투자하여 돈은 벌수도 있고, 여유 부동산이 있으면 임대하여 돈을 벌 수도 있을 것이다. 이렇게 원래 목적으로 하는 사업이 아닌 일로 돈을 벌 때 이 수익을 본래 목적의 영업수익매출과 구별하여 영업외수익營業外收益이라고 분류한다. 이자수익이나 임대료수익 등이 그 예가 될 수 있다. 이렇게 수익은 일차적으로 영업수익매출과 영업외수익으로 분류할 수 있다<표 1-6> 참조.

그런데, 여기서 주의할 것은 은행은 돈을 빌려주고 받는 이자수익이 주된 영업수익이 된다는 점이다. 마찬가지로 창고업의 경우 임대료수익은 영업수익이 된다. 영업수익매출과 영업외수익의 구분은 해당기업의 본래 목적 사업과의 연관성에서 따진다는 것이다.

표 1-6_수익의 분류

분류		예
수 익	영업수익	매출(주된 영업활동으로 인한 수익)
	영업외수익	이자수익, 임대료수익

비용

자동차회사는 자동차를 만들어 팔아 돈을 버는데, 고객에게 자동차를 팔아 받는 돈을 수익이라고 하는 한편, 그 자동차를 만들어 파는 데 들어가는 돈을 비용이라고 한다. 즉, 기업이 제품이나 서비스를 고객에게 제공하기 위하여 들어가는 돈을 회계에서 비용費用, expense이라고 한다. 비용 또한 현금으로 지급할 때 사용하는 지출이라는 용어와는 구분하여야 한다.

기업의 비용은 참으로 다양하게 발생한다. 자동차회사의 비용을 생각해 보자. 공장에서 자동차를 만들 때 들어가는 돈은 당연하고, 판매하기 위하여 영업점과 영업사원을 두고 광고도 할 것이다. 이때 자동차의 생산에 직접 들어간 돈, 즉 공장에서 발생한 돈이 곧 자동차의 제조원가가 된다. 제조원가는 자동차가 팔릴 때 매출원가로 비용이 된다. 영업점 운영비용이나 영업사원 급여, 광고선전비 등은 판매비와 관리비라고 하여 매출원가와 따로 구분하며 흔히 영업비라고도 부른다.

앞의 수익에서와 마찬가지로 기업의 비용이 꼭 본래의 영업목적만을 위하여 발생하는 것은 아니다. 때로는 돈을 빌리기도 하고, 외환거래를 하는 등 본래 목적 이외의 활동을 하면서 비용이 발생하기도 하는데, 이를 영업외비용營業外費用이라고 하며, 이자비용·외환차손·재해손실·기부금 등이 있다.

또한 주목되는 것은 사업으로 번 돈이익, 사업소득에 대하여 부담하게 되는 세금, 즉 법인의 경우 법인세, 개인사업의 경우 사업소득세는 별도 구분의 비용으로 처리한다는 점이다. 재산세나 취득세 등 그 외 기업에서 부담하는 세금은 세금과 공과라는 계정과목의 판매비와 관리비로 처리하며, 부가가치세는 최종소비자가 부담하는 세금으로 사업자가 부담하는 세금이 아니라 특별히 예수금이나 대급금으로 처리하였다가 세무서에 납부하거나 환급받는다. 이에 대해서는 뒤제2주에 배울 것이다. 이처럼 비용은 〈표 1-7〉과 같이 다양하게 분류한다.

표 1-7_ 비용의 분류

분류		예
비 용	매출원가	(판매제품의 제조원가 또는 취득원가)
	판매비와 관리비	급여, 보험료, 광고선전비, 여비교통비 등
	영업외비용	이자비용, 기부금, 외환차손, 재해손실 등
	법인세비용	법인세(사업소득세)

손익계산서 형식

기업활동과 관련하여 발생하는 수익과 비용은 앞에서 본 바와 같이 매우 다양하다. 사과장사를 한다고 하더라도 사과를 사고파는 일만 하는 것이 아니라, 상점을 운영하면서 수반되는 다양한 활동들을 하게 된다. 때로는 돈을 빌리고 빌려주면서 발생하는 이자수익 또는 이자비용이 발생할 수도 있고 세금문제가 따르기도 한다.

결과적으로 수익에서 비용을 차감하여 순이익을 나타내는 손익계산서를 작성하는데, 최종적인 당기순이익의 수치만 알려고 하면 별 문제가 없지만, 다양한 기업활동 중에 어떤 활동에서 손익이 어떻게 발생하는지를 파악하기 위해서는 수익과 비용을 적절하게 분류하여 열거하고 대응시키는 것이 필요하다.

이런 예를 생각해 보자. 학교 성적을 전 과목 평균성적으로 일렬로 석차를 매긴다고 생각해 보자. 평균 1등을 한 학생은 국어도 수학도 1등인 것처럼 생각되고, 평균 10등인 학생은 국어도 수학도 10등인 것처럼 생각될 수 있다. 학생의 특별한 재능이나 소질은 전혀 고려되지 않는 것이다. 그러나 실상 내용을 살펴보면 평균 1등인 학생도 수학은 10등, 미술은 5등일 수 있고, 평균 10등인 학생도 미술은 1등, 수학은 3등일 수 있다. 제대로 그 학생을 평가하기 위해서는 어떤 정보가 더 유용할까?

사업의 경우도 마찬가지다. 만일 최종이익당기순이익만 가지고 평가한다면, 제품을 잘 팔아서 번 것인지, 여윳돈을 잘 굴려서 벌어들인 것인지 파악할 수 없어 기업의 성과를 제대로 평가하기가 어렵다. 이러한 이유 때문에 회계에서는 기업의 여러 활동에 대응되는 이익개념을 계산해, 이를 통해 기업 활동의 성과를 제대로 평가하게 된다.

일반적으로 손익계산서는, 첨부된 삼성전자의 손익계산서처럼, 〈표 1-8〉과 같이 매출액에서 출발하여 영업이익을 거쳐 당기순이익을 나타내는 형태의 손익계산서를 작성한다.

이 손익계산서를 보면 이익이 ① 매출총이익 ② 영업이익 ③ 법인세비용차감전순이익 ④ 당기순이익 등으로 다양하게 계산되는 것을 알 수 있다.

제일 먼저 계산되는 매출총이익은 제품상품을 판매한 금액에서 그 제품을 생산하거나 구매하는 데 투입된 원가인 매출원가를 차감한 이익이다. 그야말로 기업의 원래 목적인 제품상품 자체의 수익성을 나타내는 이익의 개념이다. 은행, 변호사, 회계사 등 서비스업과 같이 직접적인 매출원가가 계산되지 않는 경우에는 매출원가와 매출총이익을 계산하지 않고, 용역을 제공하고 받은 매출액 전액을 영업수익으로 표시한다.

표 1-8_ 삼성전자의 2020년도 손익계산서(요약)

손익계산서

2020. 1. 1 ~ 2020. 12. 31

삼성전자주식회사	(단위 : 백만 원)
Ⅰ. 매 출 액	166,311,191
Ⅱ. 매 출 원 가	116,753,419
Ⅲ. 매 출 총 이 익	49,557,772
판매비와 관리비	29,038,798
Ⅳ. 영 업 이 익	20,518,974
영 업 외 수 익	6,474,371
영 업 외 비 용	6,541,422
Ⅴ. 법인세비용차감전순이익	20,451,923
법 인 세 비 용	4,836,905
Ⅵ. 당 기 순 이 익	15,615,018

주) 상장기업에 적용되는 K-IFRS에서는 금융수익과 금융비용을 반드시 별도로 표시하도록 하고 있어, 삼성전자의 손익계산서에서는 영업외수익을 금융수익과 기타수익, 영업외비용을 금융비용과 기타비용으로 구분표시하고 있다.

매출총이익에서 영업을 하기 위하여 필수적으로 발생하는 성질의 비용, 즉 급여·복리후생비·임차료·접대비·세금과 공과·광고선전비·감가상각비·대손상각비 등의 판매비와 관리비를 차감하여 계산한 이익이 영업이익이다. 이 영업이익은 사업 본연의 영업활동의 성과를 나타낸다.

사업을 하다 보면 돈을 빌리거나 투자하는 일, 건물을 임대하거나 임차하는 일처럼 본래의 영업목적이 아닌 부수적인 활동과 관련해 수익영업외수익과 비용영업외비용이 발생한다. 영업외수익에는 이자수익·배당금수익·임대수익 등이 있고, 영업외비용에는 이자비용·외환차손·재해손실·기부금 등이 있다.

영업이익에서 영업외수익을 가산하고 영업외비용을 차감하면 비로소 이번 기의 모든 기업활동으로 인한 순이익이 되겠지만, 그렇게 계산되는 이익에 대하여 일정한 세금을 부담하여야 한다는 점이 남아 있다. 법인기업인 경우에는 법인세, 개인기업인 경우에는 사업소득세가 부과되는데, 이 세금은 특별히 이익에 대하여 부과되는 세금이므로, 세금부과의 기초가 되는 이익을 먼저 계산한 후, 법인세소득세를 비용으로 차감하는 형식으로 나타낸다.

따라서 법인세차감전순이익을 나타낸 후 이번 기에 해당하는 법인세를 비용으로 차감하여 비로소 당기순이익이 계산된다. 이 당기순이익이야 말로 배당 등으로 소유주에게 돌아갈 몫을 나타내는 소유주 입장의 최종이익이며, 기업의 이익잉여금을 구성하게 된다.

다소 복잡함에도 불구하고 이와 같이 손익계산서에서 여러 개념의 이익을 표시하는 이유는 이익의 내용을 제대로 평가하기 위해서다. 예컨대, 영업이익이 양호한 기업임에도 당기순이익이 낮게 나타났다면 영업활동 외의 여러 원인들, 즉 금융비용이 과다했다거나 지나친 환차손을 입었다든가 예상치 않았던 손실영업외비용 때문임을 알 수 있는 것이다.

포괄손익계산서

K-IFRS에서는 포괄손익계산서comprehensive income statement를 기본재무제표로 하고 있다. 포괄손익계산서는 손익계산서의 마지막 항목인 당기순이익에서 기타포괄손익을 가감하여 총포괄이익을 나타낸다. 기타포괄손익이란 기업의 성과이기는 하나 당기만의 경영성과로 계산하기에는 부적합한 항목을 가리킨다. 예컨대 자산재평가차익, 해외사업장외화환산손익 등이 있다.

K-IFRS에 따르면 회사의 이익을 당기순이익과 총포괄이익을 구분하여 두 개의 보고서손익계산서와 포괄손익계산서로 작성하거나 이를 하나의 포괄손익계산서로 작성할 수도 있다. K-IFRS에 따르는 삼성전자는 첨부한 바와 같이 손익계산서와 포괄손익계산서를 각각 작성하고 있음을 볼 수 있다. 손익계산서와는 별도로 작성된 삼성전자의 포괄손익계산서를 요약하면 〈표 1-9〉와 같다.

손익계산서를 통해서 우리는 당해 회사의 경영성과를 일단 개략적으로 쉽게 파악할 수 있다. 삼성전자의 경우, 첨부된 손익계산서를 보면, 2020년도 매출액이 166조 원이 되고, 당기순이익이 15조 원 수준이 된다는 사실을 쉽게 읽을 수 있다.

이렇게 제시된 숫자를 바로 읽어서도 경영성과를 가늠해 볼 수 있지

표 1-9_ 삼성전자의 2020년도 포괄손익계산서(요약)

포괄손익계산서

2020. 1. 1 ~ 2020. 12. 31

삼성전자주식회사	(단위 : 백만 원)
Ⅰ. 당기순이익	15,615,018
Ⅱ. 기타포괄손익	(549,299)
Ⅲ. 총포괄이익	15,065,719

만, 손익계산서에 나타난 수치를 재무상태표나 손익계산서상의 다른 수치와 서로 관련시켜 보다 의미 있는 정보를 이끌어낼 수도 있다. 손익계산서에서 읽을 수 있는 대표적 재무지표 세 가지를 살펴본다.

총자산이익률

먼저, 사업에 투자된 총투자액에 대하여 얼마만큼의 이익을 얻었는지를 계산하는 총자산이익률이다. 앞에서 우리는 「자산 = 부채 + 자본」이라는 재무상태표등식을 배웠다. 이 등식의 좌변인 기업의 자산은 다른 말로 표현하면 총투자액을 의미하고, 우변인 부채와 자본은 그 투자가 어디에서 조달되었는지를 나타낸다. 즉, 기업의 총투자액인 자산은 일부 자본과 나머지 부채로 구성되어 있음을 나타내고 있다.

어떻든 기업의 수익성을 평가하는 데 있어 일차적 관심은 총 투자한 금액에서 얼마나 이익이 창출되었는지 총자산이익률return on assets; ROA을 보는 것이다. 총자산이익률은 자본조달을 어떻게 했는지 관계없이 사업 자체의 수익성을 나타낸다.

$$총자산이익률 = \frac{당기순이익}{자산총계} \times 100(\%)$$

첨부된 삼성전자의 재무상태표와 손익계산서를 이용하면 총자산이익률은 다음과 같이 약 6.8%로 계산된다. 즉, 삼성전자는 2020년에 총투자액총자산액에 대한 6.8%의 이익을 실현하였다는 것을 나타낸다.

$$총자산이익률 = \frac{15,615,018}{229,664,427} \times 100 = 6.8(\%)$$

총자산이익률은 높을수록 양호하다. 절대적인 평가기준은 없지만 일반적으로 동종업종의 평균이익률과 비교하여 평가한다.

자기자본이익률

기업의 총투자액 가운데 일부는 자본이를 '자기자본'이라고도 한다이고 일부는 남에게서 빌린 부채이를 '타인자본'이라고도 한다이다. 이 중 부채, 즉 채권자에 대해서는 일정한 이자를 지급하기로 약정이 되어 있으나 자기자본, 즉 소유주주주에 대해서는 이익이 발생하는 경우에만 일정한 배당을 지급한다. 즉, 이익이 발생하지 않는 경우에 소유주는 손해를 감수할 수밖에 없다.

따라서 기업의 경영위험에 대해 최종적인 책임을 떠안는 소유주의 입장에서 투자한 돈에 비해 얼마의 이익을 실현하고 있는지를 보는 것 또한 중요한 의미를 가진다. 이를 자기자본이익률return on owners' equity; ROE이라고 하고 다음과 같이 계산된다.

$$\text{자기자본이익률} = \frac{\text{당기순이익}}{\text{자본총계}} \times 100(\%)$$

첨부된 삼성전자의 재무상태표와 손익계산서를 이용하면 자기자본이익률은 다음과 같이 약 8.5%로 계산된다. 즉, 삼성전자는 2020년에 자기자본 투자액에 대한 8.5%의 이익을 실현하였다는 것을 나타낸다.

$$\text{자기자본이익률} = \frac{15{,}615{,}018}{183{,}316{,}724} \times 100 = 8.5(\%)$$

자기자본이익률은 높을수록 양호하다. 절대적인 평가기준은 없지만 일반적으로 동종업종의 평균이익률과 비교하여 평가한다. 소유주의 입

장에서 자기자본이익률은 투자의 다른 대체안과 비교하는 지표가 된다. 만일 자기자본이익률이 은행의 예금이자율보다 낮다면, 사업자로서는 차라리 그 돈을 은행에 예금해 놓고 편히 살 것을, 왜 고생하면서 사업할 것인가 하는 생각을 할 수 있다. 이런 차원에서도 고금리는 한편에서는 사업자의 사업의욕incentive을 꺾는 결과를 가져오기도 한다.

매출액영업이익률

기업의 수익성을 평가하는 데 있어, 투자와는 관계없이 영업활동 자체에 초점을 맞추어 평가할 수도 있다. 매출액영업이익률은 기업의 주된 영업활동에 의한 성과를 판단하기 위한 지표로서 제조 및 판매 활동과 직접 관계된 순수한 영업이익만을 매출액과 대비한 것으로 영업효율성을 나타내는 지표이다.

$$\text{매출액영업이익률} = \frac{\text{영업이익}}{\text{매출액}} \times 100(\%)$$

첨부된 삼성전자의 손익계산서를 이용하면 매출액영업이익률은 다음과 같이 약 12.3%로 계산된다. 즉, 삼성전자는 2020년에 원래 목적사업의 수익성, 즉 매출액영업이익률은 12.3% 수준이었다는 것을 나타낸다.

$$\text{매출액영업이익률} = \frac{20,518,974}{166,311,191} \times 100 = 12.3(\%)$$

매출액영업이익률 또한 높을수록 양호하다. 절대적인 평가기준은 없지만 일반적으로 동종업종의 평균이익률과 비교하여 평가한다.

[보론] 복식부기의 장부기록

우리는 재무상태표와 손익계산서를 배움으로써 회계의 가장 기본적인 재무제표를 알게 되었고, 회계의 대상이 되는 자산, 부채, 자본, 수익, 비용에 대하여 알게 되었다. 이러한 재무제표가 회계장부기록의 결과라고 설명한 것을 기억할 것이다. 그렇다면 소위 복식부기라고 하는 장부기록이 어떻게 이루어지는지를 간략하게 설명하려고 한다. 장부기록의 기술적인 내용에 관심이 없는 독자는 이 부분을 과감히 뛰어넘어도 전반적인 회계를 이해하는 데는 지장이 없을 것이다.

자산, 부채, 자본의 계정기록

재무상태표에 나타나는 자산, 부채, 자본에 대한 장부기록방식은 재무상태표등식에 나타나는 것처럼 자산은 왼편 즉 차변, 부채와 자본은 오른편 즉 대변에 잔액이 나타나게 〈표 1-10〉과 같이 기록한다. 즉, 자산의 증가는 해당 계정예, 현금계정의 차변에 감소는 해당 계정의 대변에 기록하므로 잔액은 차변에 남는다. 부채와 자본의 증가는 해당 계정예, 차입금계정, 자본금계정의 대변에 감소는 해당 계정의 차변에 기록하므로 잔액은 대변에 남는다.

표 1-10_자산, 부채, 자본의 계정기록

구 분	차 변	대 변
자 산	증가, 잔액	감소
부 채	감소	증가, 잔액
자 본	감소	증가, 잔액

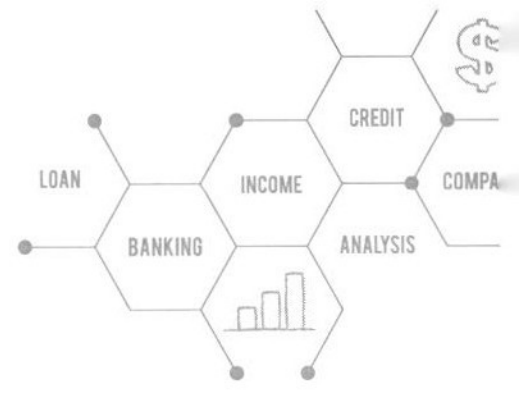

수익, 비용의 계정기록

수익과 비용은 사실 영업활동 등을 통해 자본을 증감시키는 거래를 나타내는 항목이다. 수익은 돈을 버는 것이므로 결과적으로 자본을 증가시키고, 비용은 돈을 쓰는 것이므로 결과적으로 자본을 감소시킨다. 따라서 수익과 비용에 대한 계정기록은 자본에 대한 계정기록 방법, 즉 증가는 대변에 감소는 차변에 기록하는 것을 연계하여 생각하면 된다. 〈표 1-11〉과 같이 기록한다. 즉, 결과적으로 자본을 증가시키는 수익발생은 해당 계정예, 매출계정의 대변에, 결과적으로 자본을 감소시키는 비용발생은 해당 계정예, 급여계정의 차변에 기록한다. 수익과 비용은 특별히 그 취소를 기록하는 경우를 제외하고는 감소, 즉 반대로 기록되는 일은 없다.

표 1-11_ 수익, 비용의 계정기록

구분	차변	대변
자 본	감소	증가, 잔액
수익(자본증가)	-	발생
비용(자본감소)	발생	-

간단한 2개의 거래를 사례로 살펴보자.

[거래 1]

"2022년 3월 5일 미래시스템의 홍길동은 부족한 자금을 보충하기 위하여 은행으로부터 1,000만 원을 빌려 예금통장에 입금하였다."

이 거래를 분석하면, 예금이라는 자산이 1,000만 원 증가하였고 차입금이라는 부채가 1,000만 원 증가하였다. 자산의 증가는 차변에 기록하니까 예금계정의 차변에 1,000만 원을 기록하고, 부채의 증가는 대변에 기록하니까 차입금계정의 대변에 1,000만 원을 기록한다. 이러한 내용을 계정에 기록하기 전에 다음처럼 나타내는데, 이러한 절차를 분개分介라고 하며, 실무에서는 흔히 전표傳票라는 것으로 작성된다.

〈분개〉

(차변) 예금 10,000,000 (대변) 차입금 10,000,000

이 분개의 내용에 따라 다음과 같이 각 계정에 기록하는데, 이 절차를 전기轉記라고 한다. 계정에 기록할 때는 어떤 내용으로 그 거래가 일어났는지를 쉽게 알 수 있도록 일반적으로 반대편 계정과목을 적요란에 기입한다.

〈전기〉

예금계정

22. 3. 5.	차입금	10,000,000			

차입금계정

			22. 3. 5.	예금	10,000,000

[거래 2]

“2022년 3월 25일 미래시스템의 홍길동은 종업원에 대한 급여 200만 원을 현금으로 지급하였다.”

이 거래를 분석하면, 급여라는 비용이 200만 원 발생하였고 현금이라는 자산이 200만 원 감소하였다. 비용의 발생은 차변에 기록하니까 급여계정의 차변에 200만 원 기록하고, 자산의 감소는 대변에 기록하니까 현금계정의 대변에 200만 원을 기록한다.

〈분개〉

(차변) 급여 2,000,000 (대변) 현금 2,000,000

〈전기〉

급여계정

차변			대변		
22. 3. 25.	현금	2,000,000			

현금계정

차변			대변		
			22. 3. 25.	급여	2,000,000

이 간단한 2개의 거래로 설명하였지만, 모든 거래는 이처럼 차변과 대변에 똑같은 금액이 기록된다. 삼성전자나 현대자동차처럼 대규모 기업의 복잡한 거래일지라도 모든 거래는 이렇게 기록된다. 따라서 이러한 기록을 모두 합계하더라도 항상 차변합계와 대변합계는 일치한다. 즉, '자산 = 부채 + 자본'이라는 재무상태표등식이 언제나 성립하는 것이다. 이것을 대차평형의 원리라고 부르는 복식부기의 기본원리이다.

회계연도 동안에 일상적인 회계처리란 기업에서 일어나는 모든 거래를 이런 방식으로 장부에 기록하는 것이다. 회계연도 말이 되면 이러한 장부기록을 모아서 결산決算이라는 특별한 절차를 통해 재무제표를 만들어내는 것이다. 이렇게 회계는 거래의 발생부터 재무제표 작성까지 매년 반복적으로 발생하므로 이를 흔히 회계순환과정accounting cycle이라고 부른다.

회맹탈출을 위한 3주간의 **회계여행**

DAY
4

현금흐름표

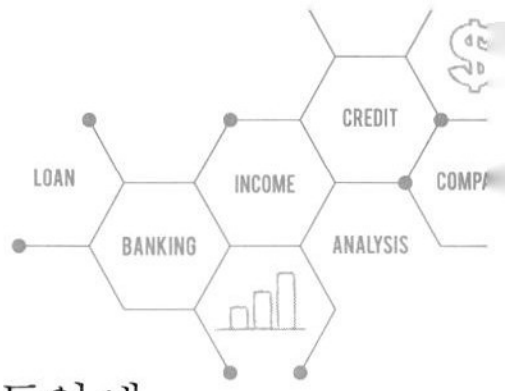

우리는 앞에서 손익계산서를 배웠다. 손익계산서는 회계연도 동안에 얼마나 벌었는지를 보여주는 재무제표이다. 다음과 같은 산식에 의해 손익계산서에서 당기순이익이 계산되었다는 것은 그만큼 돈을 벌었다는 것이다.

수익 − 비용 = 당기순이익

이렇게 돈을 번 기업은 돈을 벌었으니 자금현금이 여유 있게 돌아갈 것으로 일반적으로 기대한다. 주목! 그런데 반드시 그러한 것이 아니라는 점이다. 회계에서 이익이 발생하였다고 해서 그만큼 자금현금이 더 생겼다는 것은 아니다. 그 이유는 수익이 언제나 현금을 수반하는 수입이 아니고, 비용이 언제나 현금을 수반하는 지출이 아니기 때문이다.

수익 ≠ 수입

비용 ≠ 지출

그렇기 때문에 수익에서 비용을 차감하여 계산되는 당기순이익이 생겼다고 해서 꼭 그만큼 현금의 여유가 생기는 것은 아니라는 것이다.

흑자도산

간혹 우리는 언론에서 '흑자도산黑字倒産'이란 말을 접한다.

돈 번 회사가 망할 수 있을까? 좀 아이러니한 이야기지만 그럴 수 있다. 기업의 부도란 기술적으로 말한다면 그 기업이 발행한 어음이나 수표를 지급기일에 결제하지 못한 것이다. 어음이나 수표를 중요한 결제수단으로 이용하고 있고, 또 그러한 신용을 바탕으로 은행이나 거래처와 거래하고 있는 대다수 기업으로서는 자기 기업이 발행한 어음이나 수표가 부도나면 모든 신용거래가 중단되기 때문에 사실상 신용사회에서 사형선고를 받은 것이나 마찬가지로 거의 도산에 이르게 된다. 또한, 은행에서 빌린 채무를 기일에 변제하지 못하는 경우 역시 부도가 된다.

왜, 기업이 부도를 내게 될까? 어음이나 수표 대금을 지급할 돈, 채무를 변제할 돈, 즉 현금이 부족하기 때문이다. 아무리 이익을 내고 있는 기업이라 하더라도 지금 당장 융통할 현금이 없으면 어쩔 수 없이 부도를 낼 수밖에 없기 때문에 사채私債시장이라도 활용하여 부도를 막으려 하는 것이다.

몇 년간 손실을 내고 있는 기업이 자금사정의 악화로 부도를 낸다는 것은 쉽게 이해하지만, 이익을 내고 있는 기업이 부도를 낸다는 것은 쉽게 납득하지 못한다. 이익을 내고 있는 기업이 부도를 내고 도산하는 것을 이른바 '흑자도산'이라고 하는데, 이는 이익과 현금은 별개이기 때문에 일어날 수 있는 현상이다.

발생주의

회계에서는 수익과 비용을 계상할 때 현금의 수입과 지출을 기준현금주의으로 하지 않고, 특별히 '발생주의accrual basis'라는 기준을 적용한다. 회계처리를 할 때 계속기업going concern이라는 가장 기본적인 가정이 있다. 해당 기업이 곧 망한다는 특별하고 명백한 사정이 없는 한 계속적으로 유지된다는 가정 아래 회계처리를 한다는 것이다. 기업은 영속하므로 그 성과를 평가하기 위해서는 일정한 기간을 잘라서 회계기간accounting period, 즉 회계연도를 정하고 그 회계연도의 성과를 평가하고 있다. 그

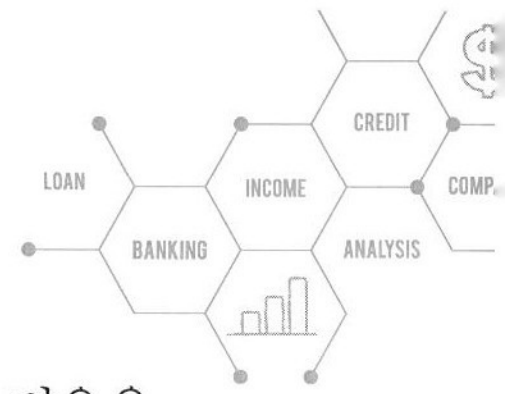

러기에 앞의 손익계산서에서 보듯이 회계연도 동안의 수익에서 비용을 차감한 이익을 특별히 '당기순이익'이라고 부르는 것이다.

기업의 성과를 평가하기 위하여 수익과 비용을 측정하는 경우에, 특정 기간에 분명히 귀속되는 경우도 있지만, 양 기간에 걸쳐 있거나 또는 다음 기간에 들어와야 할 돈이 미리 들어온다든가, 이번 기간에 나가야 될 돈을 다음 기간에 지급한다든가 하는 일이 비일비재하게 존재한다. 한 회계연도의 성과를 잘 평가하는 것은 매우 중요하다. 지난 기에 비하여 성과가 개선되었다고 평가한다든가, 이번 기의 경영자에 대한 상여금을 결정한다든가 하는 기준으로 기간성과가 중요하기 때문이다.

회계에서는 회계연도의 성과를 잘 측정하기 위한 수익과 비용을 인식할 때 현금의 수입과 지출을 기준으로 하지 않고, 특별히 그 기간에 발생한 것인지를 판단하여 회계처리를 하도록 하고 있다. 이를 발생주의라고 한다. 예를 보자.

- 상품을 매출하였지만 대금은 아직 받지 못한 외상매출을 당기의 수익으로 계산한다.
- 1억 원의 기계를 금년에 구입하였지만, 기계의 취득원가1억 원를 감가상각이라는 방법으로 기계를 사용하는 10년에 나누어 매년 1,000만 원을 비용감가상각비으로 처리한다.
- 올 9월에 보험계약을 하고 1년치 보험료를 지급하였지만, 12월까지 4개월 보험료는 올해의 비용으로 계산하고, 내년 1월 이후의 기간에 해당하는 8개월 보험료는 내년의 비용으로 계산한다.

이 사례들처럼 현금의 수입과 지출과는 다른 수익과 비용의 개념을 이용하여 이익을 계산한다. 그러기에 이익이 발생한다고 하여 반드시 그만큼 현금이 늘어난다고는 볼 수 없다.

따라서 수익, 비용, 당기순이익에 관한 정보를 제공하는 손익계산서만으로는 자금흐름, 즉 현금흐름cash flow에 관한 정보가 제공되지 않는다. 주주나 채권자 등 회계정보를 이용하는 사람들에게는 흑자도산의 우려 등을 판단할 수 있는, 이익 이외의 현금흐름에 관한 정보를 요구하게 되는 것이다. 따라서 이러한 정보를 제공하는 재무제표가 바로 현금흐름표 cash flow statement이다.

현금흐름을 수반하는 기업 활동

현금흐름표는 처음 도입되었을 때 'Where Got, Where Gone Statement'라고 불린 적도 있는 것처럼, 한 회계연도 동안 기업에 현금이 들어오고조달 나간운용 내용을 정리해서 표시한 재무제표이다.

현금흐름표는 기업의 활동을 기능별로 〈표 1-12〉와 같이 크게 세 가지로 분류하고, 각 활동별로 현금의 유입inflow, 현금의 유출outflow 내용을 정리한다.

첫째는 기업의 고유목적 사업인 제품의 생산, 판매, 이에 부수하는 활동, 즉 종업원의 고용과 급여지급 등에 따른 현금흐름을 측정한다. 이 영업활동현금흐름은 내용이 복잡하고 추적이 용이하지 않다. 예컨대, 현대자동차가 자동차를 판매하여 받은 현금과 자동차를 생산 판매하기 위하여 원재료 구입대금을 지급하고, 종업원을 고용하여 급여를 지급하는 등 생산과정에서 현금으로 지급되는 각종 원가발생액을 일일이 추적 정

표 1-12_ 현금흐름을 수반하는 기업 활동 분류

활 동	주요 내용
영업활동	매출 및 매입, 급여, 이자지급 등
투자활동	금융자산, 유형자산, 무형자산의 취득 및 처분 등
재무활동	사채발행, 부채 조달 및 상환, 배당금지급 등

리하여야 되기 때문이다. 복잡하지만 직접 그 내용을 추적하여 작성하는 방법을 직접법이라고 한다.

한편, 영업활동에 따른 현금흐름을 일일이 직접 추적하지 않고, 최종적으로 계산된 당기순이익에서 출발하여 역으로 계산현금이 들어오지 않았지만 수익으로 계산된 부분은 차감하고, 현금이 지급되지 않았지만 비용으로 계산된 부분은 가산하는 등하여 영업활동현금흐름을 측정하는 간접법이 있다. 실무적으로는 주로 간접법을 이용한다. 첨부된 삼성전자의 현금흐름표도 간접법으로 작성된 것을 확인할 수 있다.

둘째는 토지 건물 등의 유형자산, 무형자산이나 장기금융자산 등 투자자산의 취득과 처분 등 투자활동에 따른 현금흐름을 측정한다. 투자활동 현금흐름은 새 공장을 짓는다든가, 장기투자를 위해 따로 자금을 마련해 둔다든가 영업활동과는 별개로 미래 수익과 현금흐름을 창출할 자원을 마련하기 위해 지출된 돈을 나타내기 때문에, 영업활동과는 별도로 구분하여 표시하는 것이다.

셋째는 기업이 경영에 필요한 자금을 조달하거나 상환하는 등의 재무활동에서 발생하는 현금흐름을 측정한다. 주식을 발행하고 그 대가로 배당금을 지급하는 활동, 은행에서 차입금을 조달하고 그 대가로 이자를 지급하는 활동, 또 사채社債를 발행하여 자금을 조달하는 활동도 대표적인 재무활동이다. 재무활동현금흐름은 자본제공자주주, 채권자 등에게 중요한 정보를 제공하기 때문에 별도로 구분하여 표시하는 것이다.

현금흐름표 양식

현금흐름표를 작성할 때 현금흐름은 현금유입액에서 현금유출액을 차감한 순현금흐름net cash flow으로 표시한다. 그러므로 현금흐름표 상의 괄호 숫자, 즉 음의 수치로 표시되면 현금유입액보다 현금유출액이 많은 순현금유출액을 나타낸다.

현금흐름표는 〈표 1-13〉의 형식으로 작성된다. 내용은 첨부된 삼성전자의 현금흐름표를 요약한 것이다.

삼성전자의 현금흐름표에 의하면, 2020년도 기초에 2조 819억 원의 현금이 있었으나, 1년 동안에 1조 928억 원 감소하여, 기말 현재 9,890억 원의 현금을 보유하는 것으로 파악된다. 현금이 감소한 내용을 보면, 주된 영업활동에서는 37조 5,090억 원 증가하였으나, 시설유형자산 투자 및 무형자산의 취득 등 투자활동에서 31조 1,755억 원 순유출이 있었고, 사채 및 장기차입금 상환, 배당금지급 등 재무활동에 있어 7조 4,263억 원의 순유출이 있어, 결과적으로 1조 928억 원의 감소가 있었음을 알 수 있다. 현금흐름표 상의 기말 현금잔액은 재무상태표 상의 현금잔액과 일치한다.

이렇게 현금흐름표는 손익계산서가 제공하는 손익정보와는 다른 현금흐름에 관한 정보를 추가로 제공한다.

표 1-13_삼성전자의 2020년도 현금흐름표

현금흐름표

2020년 1월 1일부터 2020년 12월 31일까지

삼성전자주식회사 (단위 : 백만 원)

과목	금액
Ⅰ. 영업활동 현금흐름	37,509,025
Ⅱ. 투자활동 현금흐름	(31,175,575)
Ⅲ. 재무활동 현금흐름	(7,426,322)
Ⅳ. 현금의 증가(감소)	(1,092,872)
Ⅴ. 기초의 현금	2,081,917
Ⅵ. 기말의 현금	989,045

주) 삼성전자의 실제 현금흐름표에는 재무활동 현금흐름 아래에 'Ⅴ. 외화환산으로 인한 현금의 변동' 항목이 별도로 있지만, 여기서는 일반적인 양식에 따라 재무활동 현금흐름에 포함시켰다.

회맹탈출을 위한 3주간의 **회계여행**

DAY
5

회계부정의 예방, **회계감사**

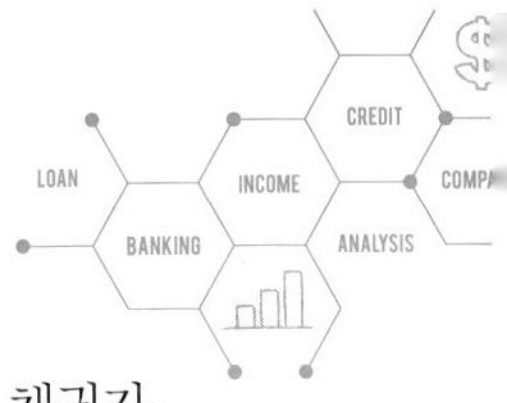

우리는 앞에서 주요 재무제표에 관하여 배웠다. 투자자주주나 채권자 등 회계정보이용자들은 이러한 재무제표를 이용하여 투자나 대출 등의 의사결정을 하게 되고, 경영자들은 자기 기업의 재무사정을 통찰하여 다양한 경영의사결정에 활용한다.

재무제표를 기본으로 하는 회계자료는 기업의 건강진단서와 같다. 만일 재무제표가 거짓으로 작성된다면 엉터리 건강진단서가 되는 셈이다. 엉터리 재무제표를 가지고 판단한다면 아무리 정교한 분석과 판단절차를 취하더라도 엉터리 판단이 될 수밖에 없다. 즉, '쓰레기를 넣으면 쓰레기가 나오기garbage in, garbage out' 때문이다.

1997년의 IMF사태를 가속화시킨 사건이 되었던 대우그룹의 파산은 무려 41조 원에 달하는 그야말로 천문학적인 금액의 분식회계粉飾會計라는 세기적인 회계부정사건으로 막을 내렸다. 또한 2011년 우리나라 금융계를 뒤흔든 저축은행 사태에서도 언제나 분식회계 문제가 뒤따랐다. 즉, 재무제표상의 회계수치를 조작하여 나쁜 상황을 가리고 더욱 좋아 보이게 하는 것이다. 회계수치를 고의로 조작하는 분식회계는 그 정보를 믿고 판단을 하는 많은 사람들을 잘못 인도하는 중대한 범죄행위이므로 절대 있어서는 안 된다.

대차평형의 원리에 따른 자기검증기능을 가지는 복식부기 회계이지만 그 원리에 어긋나지 않게 회계수치를 조작하는 방법은 얼마든지 존재한다. 예컨대, 100만 원 가치의 자산을 1,000만 원이라고 기록하거나, 500만 원의 부채를 50만 원으로 기록하는 것이다. 그러기에 재무제표의 신뢰성을 확보하는 것은 회계의 존재의미를 좌우할 정도의 중요한 과제일 수밖에 없다. 재무제표의 신뢰성을 확보하는 사회적 제도는 회계기준의 설정과 회계감사제도 운영의 두 축으로 이루어져 있다.

20세기 초 미국의 뉴욕증권거래소를 중심으로 증권시장이 발달하였는데, 1929년 대공황을 겪으면서 자본주의를 뒷받침하고 있는 주식시장이 붕괴되어 이를 수습하고 정상화시키기 위한 법률증권법, 증권거래법이 제정되었다. 이때 기업들의 회계정보공시를 규제하기 위한 회계기준에 대한 논의가 본격적으로 이루어진 것이 사실상 오늘날의 회계기준이 설정되는 계기가 되었다. 이후 이루어진 회계기준의 발전과정은 괄목할만한 성과를 가져왔다. 일반적으로 인정된 회계원칙generally accepted accounting principles; GAAP이라고 하는 것이 바로 그 성과이다.[4]

우리나라의 경우 회계기준은 1950년대 일본으로부터 도입되어 적용되기 시작하였으나 1980년대 이후부터는 주로 미국의 회계기준의 영향을 많이 받으면서 발전하였다. 근래 경제의 세계화에 맞추어 국제사회는 회계기준을 국제적으로 통일하려는 노력의 결과로 국제회계기준international financial reporting standards; IFRS을 만들기에 이르렀고, 우리나라를 포함한 많은 국가들이 이를 회계기준으로 적용하고 있다. 우리나라는 2011년부터 모든 상장기업들이 IFRS에 기초하여 우리나라 실정에 맞게 설정한 한국채택국제회계기준K-IFRS을 적용하도록 하고 있다. 이 외에도 비상장기업에 적용하는 일반기업회계기준K-GAAP, 중소기업을 위해 특별히 제정한 중소기업회계기준이 있다.

그런데 회계기준을 제정한다고 해서 모두가 자발적으로 이를 어김없이 따를 것이라고 생각하는 것은 법이 있으면 모든 사람이 죄를 짓지 않을 것이라고 생각하는 것이나 마찬가지의 순진한 생각이다. 법을 지키게 하기 위하여 경찰, 검찰 및 사법제도를 운영하듯이 회계 또한 회계기준을 준수하게 하기 위하여 외부 회계감사제도를 운영한다. 많은 이해관계자들이 있는 기업, 특히 주식회사는 신뢰성 있는 재무제표를 공시하여야만 하기 때문이다.

매년 기업들의 결산기가 지나고 나면 신문지상에 수많은 회사의 결산

[4] 현재 미국은 FASB(Financial Accounting Standards Board)라고 하는 기관에서 기준서(Statement)로 제정하여 공표하고 있다.

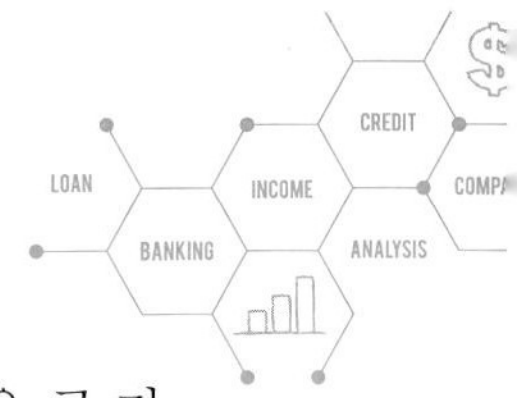

공고가 나란히 배열되어 공시된다. 우리에게 익숙한 큰 회사들은 큰 지면을 할애하여 보다 상세히 재무제표를 공시하면서 재무제표의 아래에 공인회계사회계법인의 감사의견이라는 것을 부기하고 있음을 볼 수 있다.

상장회사들은 주식이 증권시장에서 매매되므로 특히 많은 사람들이 주주로 참여하고 있고 그 규모가 커서 사회적인 영향이 크기 때문에, 그 회사의 재무제표는 더욱 신뢰성 있는 정보로 제공되는 것이 특별히 강하게 요구된다. 따라서 '주식회사 등의 외부감사에 관한 법률'에서 상장법인과 일정 규모 이상의 주식회사는 반드시 공인회계사의 감사를 받도록 규정하고 있다.

사실 공인회계사의 회계감사는 해당 기업의 재무상태나 경영성과의 건전성을 담보하는 것이 아니고, 공시된 재무제표 정보의 신뢰성을 보장하는 장치이다. 때로는 공인회계사의 감사를 무사히 받았다는 사실만으로 마치 그 회사가 건전한 회사인 것으로 오해하는 경우가 있다. 공인회계사의 감사를 잘 받았는데 왜 그 회사가 부도가 나느냐는 등의 생각을 하는 것이다. 그러나 공인회계사가 감사하는 것은 그 회사가 얼마나 건전한 회사인지를 보는 것이 아니라, 그 회사가 작성한 재무제표가 회계기준에 따라서 제대로 작성되었는지를 보는 것이다. 이익이 나고 재무상태가 좋으면 좋은 대로, 손실이 나고 재무상태가 나쁘면 나쁜 대로 진실하게 표현하고 있는지를 보는 것이다.

공인회계사는 정해진 절차인 회계감사기준에 따라 감사를 하고 그 결과를 다음 네 가지 가운데 한 가지의 의견으로 나타낸다.

적정의견適正意見

적정의견은 회사가 작성한 재무제표가 회계기준에 따라서 잘 작성되어 회사의 재무상태와 경영성과, 현금흐름 등을 적정하게 표현하고 있다는 의견으로, 다음 예시와 같은 형식으로 표명된다.

독립된 감사인의 감사보고서

ABC주식회사의 주주 및 이사회 귀중

감사의견

우리는 ABC 주식회사이하 "회사"의 재무제표를 감사하였습니다. 해당 재무제표는 20X1년 12월 31일 현재의 재무상태표, 동일로 종료되는 보고기간의 손익계산서또는 포괄손익계산서, 자본변동표, 현금흐름표 그리고 유의적인 회계정책의 요약을 포함한 재무제표의 주석으로 구성되어 있습니다.

우리의 의견으로는 별첨된 회사의 재무제표는 회사의 20X1년 12월 31일 현재의 재무상태와 동일로 종료되는 보고기간의 재무성과 및 현금흐름을 한국채택국제회계기준에 따라, 중요성의 관점에서 공정하게 표시하고 있습니다.

감사의견근거

우리는 감사기준에 따라 감사를 수행하였습니다. 이 기준에 따른 우리의 책임은 이 감사보고서의 재무제표감사에 대한 감사인의 책임 단락에 기술되어 있습니다. 우리는 재무제표감사와 관련된 대한민국의 윤리적 요구사항에 따라 회사로부터 독립적이며 그러한 요구사항에 따른 기타의 윤리적 책임들을 이행하였습니다. 우리가 입수한 감사증거가 감사의견을 위한 근거로서 충분하고 적합하다고 우리는 믿습니다.

핵심감사사항

---- 생략 ---

재무제표에 대한 경영진과 지배기구의 책임

--- 생략 ---

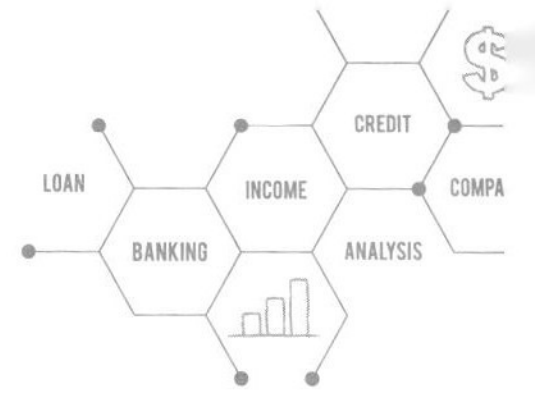

재무제표감사에 대한 감사인의 책임

--- 생략 ---

이 독립된 감사인의 감사보고서의 근거가 된 감사를 실시한 업무수행이사는 ○○○ 입니다.

○○ 회 계 법 인
대 표 이 사 ○ ○ ○

20×2년 2월 ××일

첨부된 삼성전자의 재무제표 감사보고서를 보면 바로 적정의견임을 확인할 수 있다. 공인회계사의 감사목적은 재무제표 정보의 신뢰성을 높이는 것으로, 바꾸어 말하면 적정의견을 얻는 것이라고 할 수 있다. 따라서 재무제표가 잘못 작성되었을 경우에는 회사에 수정을 권고하고 수정이 이루어지면 적정의견을 표명한다. 어떤 사람들은 공인회계사들의 감사의견이 대부분 적정의견인 것에 불신을 나타내기도 하는데, 이는 공인회계사의 감사목적을 잘못 이해한 데서 비롯된 것이다.

공인회계사가 감사 중에 회계기준에 어긋나게 처리한 내용을 발견하였거나, 회사의 비협조로 감사를 원활하게 수행할 수 없는 경우에는, 적정의견이 아닌 다른 의견을 표명하게 되는데 이를 감사의견의 변형이라고 표현한다. 적정의견 이외 〈표 1-14〉와 같은 세 가지 의견이 있다.

표 1-14_ 감사의견의 변형

감사의견의 변형을 초래한 사항의 성격	해당 사항이 재무제표에 미치거나 미칠 수 있는 영향의 전반성에 대한 감사인의 판단	
	중요하지만 전반적이지 아니한 경우	중요하며 동시에 전반적인 경우
재무제표가 중요하게 왜곡표시된 경우	한정의견	부적정의견
충분하고 적합한 감사증거를 입수할 수 없는 경우	한정의견	의견거절

부적정의견不適正意見

부적정의견은 회사가 작성한 재무제표가 회계기준을 크게 벗어나 회사의 재무상태와 경영성과를 잘 표현하지 못하고 있다는 의견이다. 다시 말하면 재무제표 정보가 크게 왜곡될 우려가 있다는 점을 표현한 것이다. 따라서 부적정의견을 받은 재무제표는 그 정보의 신뢰성이 크게 떨어지므로 상장기업의 경우 상장폐지 등 일정한 규제를 받게 된다.

한정의견限定意見

한정의견은 회사가 작성한 재무제표가 회계기준을 약간 벗어나므로 회사의 재무상태와 경영성과를 다소 왜곡되게 전달할 우려가 있음을 나타내는 의견이다. 이 의견의 말미에는 예상되는 왜곡의 정도를 구체적으로 명시하므로 재무제표 이용자는 한정사항을 참고로 하여 재무제표를 활용하는 것이 필요하다. 한정의견 또한 재무제표의 신뢰성에 영향을 미치므로 상장기업의 경우 일정한 규제를 받게 된다.

의견거절意見拒絶

예컨대 당해 회사가 현재 소송 중이고 그 소송의 결과에 따라 재무상태가 크게 영향을 받을 때도 있다. 이렇게 회사의 재무상태에 중대한 영향을 미칠 수 있는 사건이 전개되고 있거나, 회사가 어떤 중요한 부분에 대한 감사를 제한하여 감사한 것만으로는 그 회사의 전반적인 재무상태나 경영성과를 평가하기 매우 어려운 상황일 경우 감사인은 의견제시를 유보하는 의견거절을 표명하게 된다. 의견거절이 표명되면 해당기업에 대한 불확실성이 크게 증가하므로 상장법인은 부적정의견과 마찬가지로 규제를 받게 된다.

결론적으로 공인회계사의 감사를 받은 재무제표를 이용할 때는 그 감사의견을 먼저 확인할 필요가 있다. 한마디로 비적정의견을 받은 재무제표는 그 신뢰성을 잃게 된다.

DAY 6

재무제표 100% 활용, **재무제표분석**

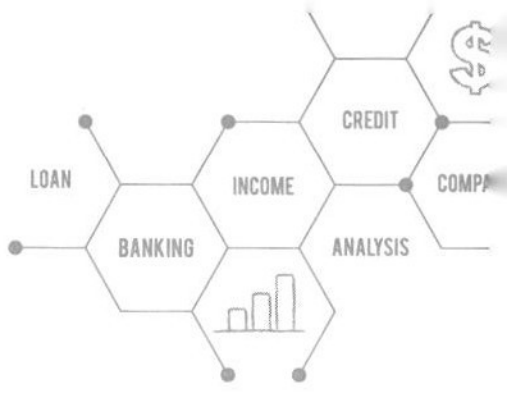

"건강은 건강할 때 지켜야 한다."

많은 분들이 공감하겠지만, 정말 건강만큼은 소 잃고 외양간 고치는 식이 되어서는 안 되고, 미리 예방하는 지혜가 필요하다. 건강보험이 시행된 이래 정기적으로 건강검진을 실시하는 이유도 바로 이 때문이다. 간혹 검진과정이 매우 형식적이라 중요한 질병의 징후는 발견하기 힘들다고 귀찮아하는 사람도 있지만, 필자의 경우 체중이나 혈압, 콜레스테롤 수치 등 그간의 검사결과 추이를 보면서 건강을 지키는 데 나름대로 도움을 받고 있다.

기업도 마찬가지이다. 사업을 하다 보면 여러 곳에서 문제가 발생할 수 있는데, 그러한 징후를 미리 알 수 있다면 그 문제가 더 확산되는 것을 막을 수 있다. 기업의 건강상태는 다양한 관점에서 진단해 볼 수 있지만, 재무제표만큼 기업의 전반적인 건강상태를 종합적으로 알려주는 정보는 없다. 그 때문에 은행들이 돈을 빌려줄 때나 투자자가 투자를 하려고 할 때, 세무서에서 세금을 제대로 챙기려고 할 때는 예외 없이 해당 기업의 재무제표를 요구한다.

재무제표에 표시된 수치는 그 자체로서도 상당한 의미를 갖는다. 예컨대 총자산이 얼마인지, 부채가 얼마나 되는지, 당기순이익이 얼마 발생했는지 등을 파악할 수 있기 때문이다. 이러한 정보는 마치 사람의 건강을 진단하면서 체중, 키, 혈압 등을 알아보는 것과 같다. 그러기에 재무제표는 회사의 건강진단서에 해당하는 셈이다.

건강검진을 할 때 한 가지 수치만 읽어 유용한 정보를 얻을 수 없는 경우가 있다. 예를 들어 체중이 70kg이라고 할 때 키가 얼마인지 모르고는 그 체중수치가 제공하는 건강정보를 판단하는 것은 어렵다. 키가 180cm인 사람인지 아니면 160cm인 사람인지에 따라 그 체중수치가 가지는 정보는 전혀 다르기 때문이다. 즉, 체중은 키와의 상호관계를 통하여 보다 정확한 건강정보를 제공하게 된다.

재무제표가 주는 정보도 마찬가지다. 예컨대 당기순이익이 1,000만 원이라는 정보만으로는 영업을 잘했는지 못했는지 제대로 평가하기 힘들다. 가령 자본금이 1억 원인 회사가 연 1,000만 원의 당기순이익을 올렸다면 비교적 양호한 편이지만, 자본금이 100억 원인 회사가 연 1,000만 원의 당기순이익을 올렸다면 영업성적은 부진하다고 평가할 수 있기 때문이다.

이와 같이 재무제표상의 정보를 서로 연관시켜 분석하면 보다 의미 있는 정보를 얻을 수 있는데, 이를 '재무제표분석'이라고 한다. 이러한 재무제표분석을 조금 더 확대하여 재무제표 이외의 자료까지 포함하는 포괄적인 정보를 얻고자 하는 것을 경영분석 또는 경영진단이라고 한다.

재무제표분석의 내용을 이해할 수 있다면, 비록 재무제표의 작성과정을 이해하지 못한다 해도 재무제표에 담긴 정보는 제대로 읽어낼 수 있다. 재무제표분석으로 얻을 수 있는 일반적인 정보는 다음과 같다.

- 첫째, 우리 회사가 얼마나 벌어들이는가를 보는 수익성收益性을 평가한다.
- 둘째, 우리 회사가 영업활동에 지장이 없을 만큼 현금능력이 풍부한지를 보는 유동성流動性을 평가한다.
- 셋째, 우리 회사가 지나치게 빚이 많아서 이자비용에 허덕이거나, 부채를 갚지 못해 도산하게 될 위험은 없는지를 보는 안전성安全性을 평가한다.
- 넷째, 우리 회사는 점점 더 나아지고 있는지를 보는 성장성成長性을 평가한다.
- 다섯째, 우리 회사는 매출액 수준에 맞는 적절한 투자를 하고 있는 것인지, 아니면 투자한 자산을 충분히 활용하고 있는지를 보는 활동성活動性을 평가한다.

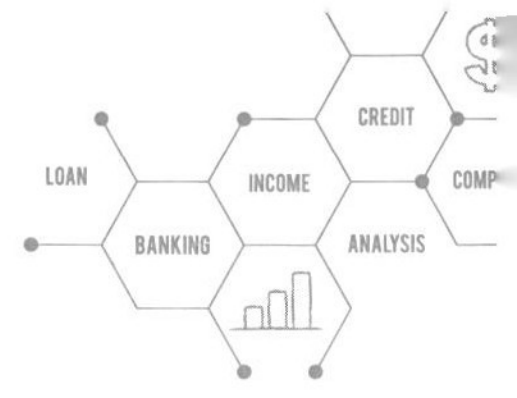

수익성평가

사업의 기본 조건은 '수익성'이다. 그 때문에 재무제표분석에서 제일 먼저 평가하는 것 역시 회사가 얼마나 벌고 있는지를 나타내는 수익성이다. 손익계산서의 제일 아래 표시되는bottom-line 당기순이익은 100만 원이면 100만 원, 200만 원이면 200만 원 식의 절대금액이다. 이 당기순이익을 다른 항목들과 비교하여 여러 측면에서 수익성을 평가할 수 있다.

앞의 손익계산서에서 설명한 총자산이익률, 자기자본이익률, 매출액영업이익률이 대표적인 지표들이다.

$$총자산이익률 = \frac{당기순이익}{총자산} \times 100(\%)$$

$$자기자본이익률 = \frac{당기순이익}{자본총계} \times 100(\%)$$

$$매출액영업이익률 = \frac{영업이익}{매출액} \times 100(\%)$$

이익률지표는 모두 높을수록 양호하다. 절대적 기준치는 없으나 일반적으로 동업종 평균값과 비교하여 상대적으로 평가한다.

우리나라 표준지표로 널리 이용되고 있는 한국은행의 기업경영분석에 따르면 최근 3년간의 우리나라 기업 평균 수익률지표는 〈표 1-15〉와 같다.

표 1-15_우리나라 기업의 수익률 동향

(단위: %)

연 도	2018년	2019년	2020년
총자산이익률	3.23	2.13	2.05
자기자본이익률	6.87	4.55	4.44
매출액영업이익률	5.64	4.21	4.24

* 자료원: 한국은행, 기업경영분석.

유동성평가

앞의 현금흐름표에서 설명한 바와 같이, 기업이 적절한 현금유동성을 보유하는 것은 매우 중요하다. 기업을 사람의 몸에 비유한다면 현금은 마치 우리 몸속을 흐르는 피와 같다고 할 수 있다. 피가 잘 흐르지 않으면 동맥경화증으로 쓰러지는 것처럼 기업도 별 문제없이 운영되다가도 현금흐름에 문제가 생겨 갑자기 도산하기도 한다. 구조적으로 매우 건실한 기업이 단지 단기적인 현금능력이 부족해 부도가 나는 소위 흑자도산이 발생하는 이유도 바로 이 때문이다.

이러한 기업의 현금흐름 즉, 유동성을 나타내는 대표적 지표가 앞의 재무상태표에서 설명한 유동비율이다.

$$유동비율 = \frac{유동자산}{유동부채} \times 100(\%)$$

유동비율은 일반적으로 200% 이상 되어야 양호한 것으로 평가하고, 동업종 평균값과 비교하여 상대적으로 평가하기도 한다.

한국은행의 기업경영분석에 따르면 우리나라 기업의 최근 유동비율은 〈표 1-16〉과 같다.

한편, 기업의 유동성을 나타내는 순운전자본net working capital이라는 개념이 있다. 순운전자본은 유동자산에서 유동부채를 뺀 금액으로, 단기적으로 상환하여야 할 부채를 상환하고 기업운영에 활용할 수 있는 자

표 1-16_ 우리나라 기업의 유동비율 동향

(단위: %)

연 도	2018년	2019년	2020년
유동비율	138.45	140.37	141.05

* 자료원: 한국은행, 기업경영분석.

표 1-17_ 자금운용의 양부

자금관리에 양호한 변화	자금관리에 불량한 변화
① 자본 또는 비유동부채의 조달에 의하여 유동자산을 증가시키거나 유동부채를 상환하는 경우	① 유동자산의 감소에 의하여 비유동자산을 증가시키거나 자본 또는 비유동부채를 감소·상환하는 경우
② 비유동자산의 감소에 의하여 유동자산을 증가시키거나 유동부채를 상환하는 경우	② 유동부채의 증가에 의하여 비유동자산을 증가시키거나 비유동부채를 상환하는 경우

금의 여유분을 의미한다.

사업을 하면 매일 돈이 들어오고 나가듯이 기업의 재무상태 역시 항상 변한다. 이 재무상태의 변화를 자금운용으로 표현할 수 있는데, 자금운용은 바람직한 방향으로 이루어질 수도 있고, 바람직하지 못한 방향으로 이루어질 수도 있다. 예컨대, 여유자금을 예금하더라도 수시입출 예금에 많은 돈을 예치해 두면 필요할 때 수시로 쓸 수 있는 돈이 많아 유동성은 풍족하지만 이율이 낮아 수익성은 낮다. 반면, 정기예금에 많은 돈을 예치해 두면 수익성은 높지만 급하게 필요할 때 쓰기 어려운 단점이 있다. 즉, 수익성과 유동성이 서로 상반관계trade-off에 있는 것이다.

그러나 돈의 가장 기본적인 기능은 거래의 수단이므로, 거래를 원만하게 할 수 있도록 유동성을 유지하는 것이 무엇보다 중요하다. 가령 대궐 같은 집과 어마어마한 토지를 가지고 있은들 지금 당장 지갑에 돈 한 푼 없다면 무슨 소용이 있겠는가? 그런 관점에서 자금운용의 양부를 판단하는 일반적 기준은 〈표 1-17〉과 같다. 두 시점의 재무상태표를 비교하여 그 변화를 보고 자금운용의 양부良否를 판단한다.

이러한 양호한 변화와 불량한 변화의 양상을 자세히 관찰하면 다음과 같은 공통점을 발견할 수 있다. 즉, 유동자산을 증가시키고 유동부채를 감소시켜 순운전자본을 증가시키면 단기적인 지급능력이 향상되므로 양호한 변화이고, 유동자산을 감소시키고 유동부채를 증가시켜 순운전자본을 감소시키면 단기적인 지급능력이 떨어지므로 불량한 변화이다.

안전성평가

사업을 하면서 자금이 남아돌 만큼 풍족한 경우는 거의 없다. 때문에 남은행의 돈을 빌려 쓰지 않을 수 없다. 돈을 빌려 쓰는 이유는 자금부족이 원인일 수도 있지만, 이익을 추구하는 기업으로서는 예컨대 연 10%의 부채를 얻어 12%의 이익을 얻을 수 있다면 부채를 얻어서라도 사업을 확장하는 것이 이익이기 때문이다이러한 효과를 '레버지지효과(leverage effect)'라고 한다.

이러한 경영방식은 부채비용이자 이상의 이익이 보장되는 호경기에는 별 문제가 없지만 그렇지 않은 불경기에는 매출이나 이익이 감소하여 부채비용의 부담이 더욱 가중된다. 이런 의미에서 부채는 분명히 기업의 위험요소이므로 적절한 수준을 넘지 않는 것이 중요하다. 이런 위험 또는 안전성을 나타내는 대표적인 지표가 앞의 재무상태표에서 설명한 부채비율이다.

$$부채비율 = \frac{부채총계}{자본총계} \times 100(\%)$$

부채비율은 낮을수록 양호하며, 일반적으로 100%보다 낮아야 양호한 것으로 평가한다. 이 또한 동업종 평균값과 비교하여 상대적으로 평가하기도 한다.

한국은행의 기업경영분석에 따르면 우리나라 기업의 최근 부채비율 동향은 아래의 〈표 1-18〉과 같다.

표 1-18_ 우리나라 기업의 부채비율 동향

(단위 : %)

연 도	2018년	2019년	2020년
부채비율	111.12	115.65	118.34

* 자료원: 한국은행, 기업경영분석.

한편, 그 기업이 돈을 빌려 충분히 사업을 잘하고 있는지를 평가하는 이자보상배율利子補償倍率, interest coverage ratio이라는 지표가 있다. 부채에 대한 이자비용을 지급하는 데 충분한 정도의 돈을 벌고 있는지영업이익를 따져보는 것이다. 이자보상배율을 다음과 같이 계산한다.

$$\text{이자보상배율} = \frac{\text{영업이익}}{\text{이자비용}} \times 100(\%)$$

일반적으로 이자보상배율은 영업이익이 이자비용의 몇 배인지로 계산하지만, 때로는 백분율로 계산하여 이자보상비율이라고 표현하기도 한다. 이자보상배율이 1을 넘지 못하는 경우는 영업활동으로 번 돈으로 이자비용도 제대로 지급하지 못한다는 것을 의미하여, 사업의 수익성, 부채수준 등을 종합적으로 따져보아야 할 위험한 상황이라는 것을 나타낸다.

이자보상배율은 당연히 1배 이상 되어야 영업이익이 이자는 갚을 수 있는 수준이 된다. 일반적으로 1.5배 이상인 경우 영업이익으로 이자를 갚고 이익을 낼 수 있는 양호한 수준으로 평가한다. 당연히 높을수록 양호하며, 동업종 평균값과 비교하여 상대적으로 평가하기도 한다.

한국은행 기업경영분석에 따르면 우리나라 기업의 최근 이자보상배율 동향은 아래의 〈표 1-19〉와 같다. 즉, 우리나라 기업은 평균적으로 지급해야 할 이자비용의 3배에서 5배 사이 정도의 영업이익을 나타내어 양호한 수준이라고 평가할 수 있다.

표 1-19_ 우리나라 기업의 이자보상배율 동향

(단위: 배)

연 도	2018년	2019년	2020년
이자보상배율	4.70	3.26	3.28

* 자료원: 한국은행, 기업경영분석.

성장성평가

기업은 마치 생물처럼 끊임없이 변화하며 성장 발전한다. 현재의 삼성전자나 현대자동차와 같은 대기업들도 그 역사를 추적해 보면 처음부터 큰 기업으로 출발했던 것은 아니다. 작은 기업에서 출발하여 꾸준히 성장해 온 것이다.

자라야 할 아이들이 제대로 자라지 않으면 부모들이 애태우듯이, 기업 또한 제대로 성장하지 않으면 어딘가 문제가 있다는 것을 알려주므로 경영자의 입장에서 애태울 일이 아닐 수 없다. 특히 요즘과 같은 무한경쟁의 기업환경에서 기업이 제대로 성장하지 못한다면 곧 쇠퇴를 의미한다. 심지어 현재의 모습에서 답보상태에 있다는 자체로도 머무르는 것이 아니라, 달리던 자전거가 멈추면 넘어지기 쉽듯이 위험한 상태라고 할 수 있다.

그렇기에 기업을 평가할 때, 꾸준히 지속적으로 성장하고 있는지를 재무적 지표로 평가하는데, 일반적으로 기업의 성장성은 매출액증가율과 총자산증가율로 평가한다. 매출액증가율은 전년도 매출액에 대한 올해 매출액의 증가율로 다음과 같이 계산한다.

$$\text{매출액증가율} = \frac{\text{당기매출액} - \text{전년도매출액}}{\text{전년도매출액}} \times 100(\%)$$

매출액은 정상적인 영업활동에서 계속적으로 발생하는 수익이므로 기업의 성장성을 판단하는 데 매우 중요한 지표이다. 매출액증가율은 제품가격상승과 판매수량증가라는 두 가지 요인에 의해 영향을 받는다는 점에 유의하여 판단하여야 한다.

총자산증가율은 기업에 투자된 총자산이 전년도에 비해 당기에 얼마나 증가하였는지를 보는 지표로 다음과 같이 계산한다. 총자산증가율은

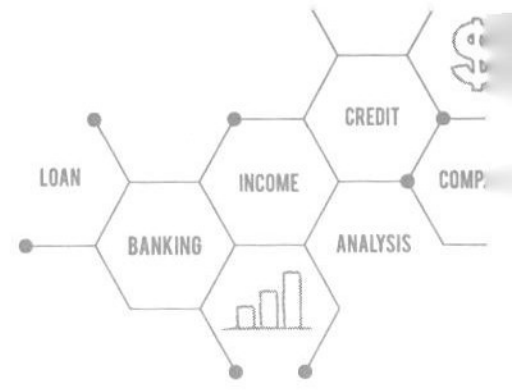

기업 전체적인 성장규모를 측정하는 지표가 된다.

$$\text{총자산증가율} = \frac{\text{당기총자산} - \text{전년도총자산}}{\text{전년도총자산}} \times 100(\%)$$

성장성지표 모두 높을수록 양호하며, 동업종 평균값과 비교하여 상대적으로 평가하기도 한다.

한국은행 기업경영분석에 따르면 우리나라 기업의 최근 성장성지표는 〈표 1-20〉과 같다. 이 지표에 따르면 최근 코로나19 팬데믹 상황 이후 투자자산는 증가하였지만 매출이 감소한 상황을 파악할 수 있다.

표 1-20_우리나라 기업의 성장성 동향

(단위 : %)

연 도	2018년	2019년	2020년
매출액증가율	3.99	0.44	-1.04
총자산증가율	5.83	6.09	7.94

* 자료원: 한국은행, 기업경영분석.

활동성평가

한 달에 1,000만 원의 똑같은 매출을 올리는 두 음식점이 있는데, 한 음식점은 3,000만 원 전세의 30평 가게이고, 다른 한 음식점은 5,000만 원 전세의 50평 가게라고 하자. 그러면, 어느 음식점이 장사를 잘한 것인지 쉽게 평가할 수 있다. 즉, 일일이 이익을 계산해 보지 않더라도 가게에 투자한 돈과 매출액을 비교해 경영성과를 쉽게 판단할 수 있는데, 이것이 바로 투자한 돈이 충분히 활용되고 있는지를 평가하는 활동성의 개념이다.

기업이 돈을 투자해 여러 자산을 구입하는 것은 그 자산을 활용하여 생산·판매하고자 하는 데 목적이 있다. 따라서 기업은 자산을 충분히 활용해야 하며 지나치게 과도한 투자로 돈을 낭비해서도 안 된다. 자산의 활용도는 일반적으로 투자액에 대한 매출수준으로 나타낸다. 결국은 매출을 통하여 투자한 돈을 회수할 수 있기 때문이다. 이러한 투자의 활동성을 평가할 때는 투자의 몇 배에 해당하는 매출을 실현하였는지로 계산되는 '회전율回轉率'을 이용한다. 회전율이 높으면 투자의 활용도가 높고, 회전율이 낮으면 투자의 활용도가 낮거나 매출수준에 비해 투자수준이 과다하다고 판단할 수 있다.

자산의 활동성을 평가하는 지표로는 총자산회전율과 재고자산회전율을 많이 이용한다. 자본회전율이라고도 하는 총자산회전율은 총자산총투자액이 얼마만큼 활용되었는지를 보는 지표로 다음과 같이 계산된다.

$$\text{총자산회전율} = \frac{\text{매출액}}{\text{자산총계}} \quad \text{(회)}$$

또한 매출과 관련해 재고를 적절히 보유하고 있는가를 판단하는 지표로 재고자산회전율이 있는데, 다음과 같이 계산된다.

$$\text{재고자산회전율} = \frac{\text{매출액}}{\text{재고자산}} \quad \text{(회)}$$

회전율은 높을수록 양호하게 평가하는데, 회전율이 높다는 것은 매출에 비해 투자나 재고의 수준이 낮거나, 투자자 재고수준에 비해 매출이 높게 실현된 것이므로 바람직하다고 할 수 있기 때문이다. 회전율 역시 동업종 평균값과 비교하여 상대적으로 평가하기도 한다.

한국은행 기업경영분석에 따르면 우리나라 기업의 최근 회전율지표

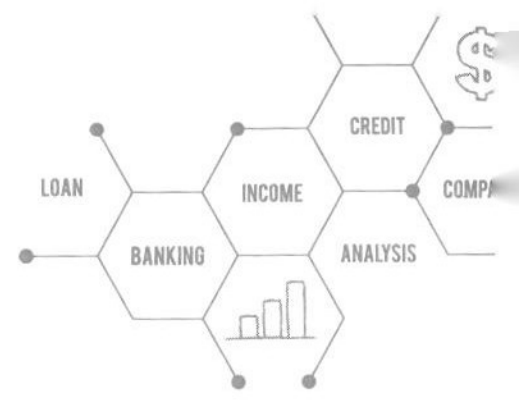

표 1-21_ 우리나라 기업의 회전율 동향

(단위 : 회)

연 도	2018년	2019년	2020년
총자산회전율	0.83	0.79	0.73
재고자산회전율	7.13	6.54	6.06

* 자료원: 한국은행 기업경영분석.

는 〈표 1-21〉과 같다. 회전율이 점차 낮아졌다는 것은 매출이 줄어들거나 역으로 그만큼 재고가 늘어나고 있다는 것을 나타낸다.

종합진단

우리 몸이 건강하려면 적당한 영양과 운동으로 적절한 체력을 유지해야 한다. 기업 역시 사람의 몸처럼 유기적인 조직이기 때문에 건강하게 지속하려면 여러 측면들이 균형되게 유지되어야 한다. 이와 관련해 길만S. Gilman은 미리 치유하지 않을 경우 기업을 도산으로 몰고 갈 수 있는 질병 다섯 가지를 제시하였다 <그림 1-4>참조. 이는 앞에서 설명한 많은 것들을 포함하는 지적으로, 이를 기업의 질병이라고 한 것은 이러한 징

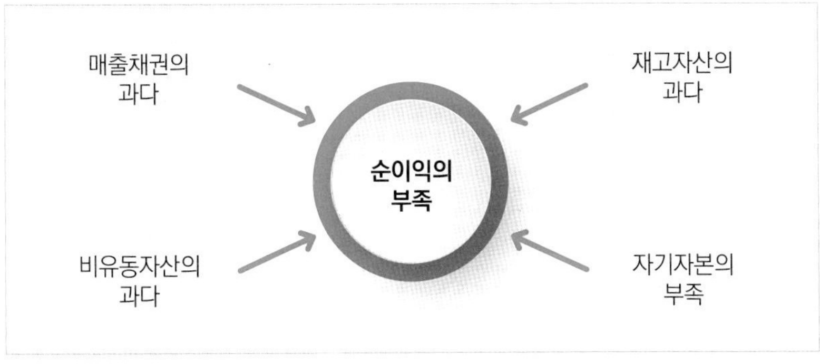

그림 1-4_ 기업의 5대 질병

후들이 있으면 기업이 위험하므로 이를 치료·개선해야 한다는 점을 강조한 것이다.

그러면 이 질병을 나타내는 징후는 어떻게 파악할 수 있을까? 의사가 환자의 질병을 알아내기 위해 환자의 몸을 진단하듯이, 재무제표분석에 의한 다음과 같은 각각의 비율을 통해 그 대표적인 징후를 알 수 있다.

질병 ①	자본이익률(이익 / 자본)이 낮게 나타난다.
질병 ②	매출채권회전율(매출 / 매출채권)이 낮게 나타난다.
질병 ③	재고자산회전율(매출 / 재고자산)이 낮게 나타난다.
질병 ④	비유동자산회전율(매출 / 비유동자산)이 낮게 나타난다.
질병 ⑤	부채비율(부채 / 자기자본)이 높게 나타난다.

이와 같이 재무제표분석 등을 통해 정보를 얻는 이유는 기업부실의 징후를 사전에 알아내서 치유하는 데 있다. 제대로 사업을 하는 경영자라면 적어도 수시로 자사의 재무제표를 통해 질병을 자가진단하고 조기에 치료하는 현명함이 필요하다.

한편, 기업을 평가하면서 수익성은 양호하지만 부채가 많아 안전성이 낮다든가, 성장성은 높은데 수익성이 낮다든가 하면, 이 기업을 종합적으로 어떻게 평가할 것인가? 특히 돈을 빌려주는 은행이나 주식투자자가 기업을 종합적으로 평가하려고 할 때 고민스러울 수 있는 상황이다. 즉, 개별 지표를 이용해 특별한 특성을 평가하는 것이 아니라 기업을 종합적으로 평가하는 문제를 말한다.

이때 많이 쓰는 한 가지 방법은 주요 재무지표을 선정하여, 각 지표에 대한 표준지표를 기준으로 평가한 다음, 각 지표의 상대적 중요도를 반영한 가중치를 주어 종합점수를 계산하는 지수법指數法이 있다. 하나의 예를 보자. 〈표 1-22〉와 같이 5개의 재무지표를 선정하고, 각각에 대한 실제값과 표준값이 표에서와 같다고 가정하자. 그러면 먼저 표준비

표 1-22_지수법의 예

재무지표	실제값(A)	표준값(S)	평가점수 (A/S×100)*	가중치	종합점수
총자산이익률	3	5	60	25%	15
부채비율	100	110	110	25%	27.5
유동비율	120	100	120	20%	24
총자산회전율	1.3	1.2	108	15%	16.2
매출액증가율	15	20	75	15%	11.25
합계					93.95

* 평가점수가 높을수록 좋게 평가하므로, 높을수록 좋은 비율은 모두 $\frac{A}{S}$로 계산하지만, 부채비율은 낮을수록 좋은 비율이므로 역($\frac{S}{A}$)으로 계산한다.

율에 대비하여 계산한 평가점수를 계산한 다음, 이 평가점수에 각 항목별로 부여한 가중치를 곱하여 종합점수를 계산한다. 그러면 종합점수는 93.95점으로 계산된다.

이 종합점수는 높을수록 좋은 것으로 평가하지만, 표준지표값비율에 대비한 실제지표값의 평가치이므로 100점보다 높으면 표준비율보다 양호한 것으로 평가하며, 100점보다 낮으면 표준비율보다 못한 것으로 평가한다.

이 지수법은 월A. Wall에 의해 처음 개발된 이래 평가자의 목적에 따라 다양하게 변형되어 이용되고 있다. 즉, 재무지표의 선정이나 각 지표에 대한 가중치는 평가목적에 따라 달라질 것이기 때문이다.

이상에서 설명한 내용은 기본적인 재무제표분석이라고 할 수 있다. 이 재무제표분석이 더 고도화되면 다양한 재무지표들을 이용한 수학적, 통계학적 모형을 개발하여 기업가치를 평가하거나 기업도산을 예측하는 것까지 이어진다.

DAY 7

WRAP UP

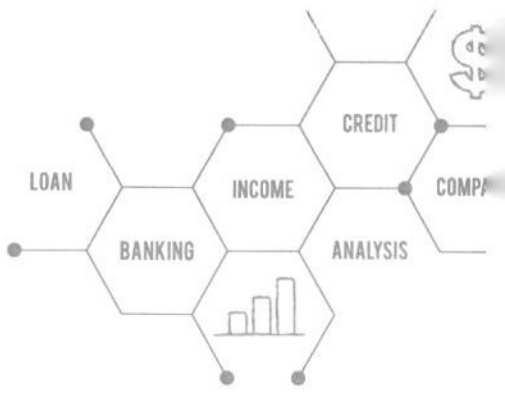

- 회계는 기업의 언어Language of Business이다.
- 기억하자, 재무상태표방정식! “자산 = 부채 + 자본.” 이 재무상태표 방정식을 기초로 하여 복식부기가 이루어진다.
- 자산, 부채, 자본의 변동을 가져오는 기업의 모든 활동들은 계정에 기록된다. 각 계정은 그 이름계정과목을 가지며 금액을 기록하는 차변과 대변으로 구성되어 있다. 모든 계정이 모여 있는 장부를 총계정원장이라고 한다.
- 우리나라 회계기준은 한국채택국제회계기준K-IFRS, 일반기업회계기준K-GAAP, 중소기업회계기준이 있다.
- 재무제표에는 재무상태표, 포괄손익계산서, 현금흐름표, 자본변동표, 주석이 있다K-IFRS.
- 재무제표에는 전년도와 비교하는 형식으로 작성하는 비교재무제표, 경제적 실질을 같이하는 지배회사와 종속회사를 결합하여 작성하는 연결재무제표가 있다.
- 재무상태표는 일정 시점회계연도말의 기업의 재무상태를 나타내는 재무제표로 자산, 부채, 자본이 표시된다.
- 자산은 기업 소유의 가치물로 1년 내에 현금으로 유동화되는 유동자산과 그렇지 않은 비유동자산으로 구분한다. 비유동자산에는 투자자산, 유형자산, 무형자산이 있다.
- 부채는 기업이 갚거나 부담해야 할 빚으로 1년 내에 갚아야 할 유동부채와 그렇지 않은 비유동부채로 구분한다.
- 자본은 자산에서 부채를 차감한 순자산가치로 소유주주주의 몫을 나타낸다. 자본에는 소유주가 출자한 납입자본인 자본금과 사업운영 결과 벌어들인 잉여금으로 주로 구성된다. 그 외에도 자본잉여금 등의 항목이 있다.
- 재무상태표를 이용하여 얻을 수 있는 대표적인 재무분석 지표로

부채비율과 유동비율이 있다.

- 부채비율은 자기자본 대비 부채의 비율로 계산되며 낮을수록 양호하다. 절대적인 기준은 없지만 100% 이하인 경우 양호한 것으로 평가된다.
- 유동비율은 유동부채 대비 유동자산의 비율로 계산되며 높을수록 양호하다. 절대적인 기준은 없지만, 전통적으로 200% 이상인 경우 양호한 것으로 평가된다.
- 손익계산서는 일정 기간회계연도 동안의 기업 성과, 즉 손익을 나타내는 재무제표로 수익, 비용, 당기순이익이 표시된다.
- 수익은 기업활동을 통해 벌어들인 돈 총액을 말하며, 제품이나 서비스를 제공하고 받은 돈, 즉 매출액이 그 대표적인 수익이다. 수익은 기업의 목적사업인 영업을 통해 벌어들인 수익영업수익이 주이지만 주목적 이외 자금의 조달 및 운용 등 부수적 활동에 따른 수익영업외수익도 있다.
- 비용은 수익을 창출하기 위한 기업활동에 투입되는 돈을 말한다. 비용은 어떠한 활동에 쓰였는지에 따라 세부적으로 매출원가, 판매비와 관리비, 영업외비용, 법인세비용소득세비용으로 구분된다.
- 손익계산서의 맨 마지막bottom line에는 수익에서 비용을 차감한 당기순이익이 나타난다. 그 중간에 수익과 각 비용을 대응시켜 매출총이익, 영업이익, 법인세차감전순이익, 당기순이익 등 다양한 이익 개념을 제공하여 정보이용자들이 기업의 성과를 잘 판단할 수 있도록 하고 있다.
- K-IFRS에 따라 작성하는 포괄손익계산서는 당기순이익에 기타포괄손익을 가감하여 총포괄손익을 나타낸다. 기타포괄손익은 기업의 손익에 속하지만, 당기만의 성과로 보기 힘든 손익을 나타낸다.
- 손익계산서를 이용하여 얻을 수 있는 대표적인 재무분석 지표로

총자산이익률, 자기자본이익률, 매출액영업이익률이 있다.

- 총자산이익률은 자산총액에 대한 당기순이익을 백분율로 계산한다. 사업에 투자된 총투자액총자산이 얼마만큼의 이익을 창출하였는지 그 수익성을 나타내는 지표이다.
- 자기자본이익률은 자본총액에 대한 당기순이익을 백분율로 계산한다. 사업주의 입장에서 사업성을 평가하는 지표로, 투자된 자기자본이 얼마만큼의 수익성을 실현하였는지를 나타내는 지표이다.
- 매출액영업이익률은 매출액에 대한 영업이익을 백분율로 계산한다. 기업이 주목적으로 하는 사업의 수익성을 평가하는 지표이다.
- 현금흐름표는 일정 기간회계연도 동안 기업의 현금흐름현금유입과 현금유출을 세 가지 기업활동유형영업활동, 투자활동, 재무활동별로 구분하여 표시하고, 현금잔액을 나타낸다.
- 현금흐름표는 발생주의회계로 인하여 손익계산서로 파악할 수 없는 현금흐름에 관한 정보를 추가적으로 제공하는 재무제표이다.
- 재무제표의 신뢰성 확보를 위해서 회계기준이 설정되고, 회계기준에 따라 재무제표가 잘 작성되었는지를 검증하기 위해 주식회사 등의 외부감사에 관한 법률약칭 '외감법'에 의해 공인회계사에 의한 외부감사가 이루어진다.
- 외부감사 결과 공인회계사의 의견은 적정의견, 부적정의견, 한정의견, 의견거절의 네 가지 의견이 있다. 공인회계사의 감사목적은 적정의견을 표명하여 재무제표정보의 신뢰성을 높이는 것이나, 현실적으로 많은 경우 비적정의견부적정의견, 한정의견, 의견거절이 표명되며, 이 경우에 상장기업 등에는 상장폐지 등의 일정한 규제가 따른다.
- 재무제표를 분석하여 기업의 건강상태를 점검할 수 있다. 이를 재무제표분석 또는 경영분석이라고 한다. 재무제표분석의 주요내용은 수익성, 유동성, 안전성, 성장성, 활동성 등을 파악하는 데 있다.

- 평가하고자 하는 내용과 대표적인 재무지표는 다음과 같다.

평가내용	대표적 재무지표
수익성	총자산이익률, 자기자본이익률, 매출액영업이익률
유동성	유동비율
안전성	부채비율
성장성	매출증가율, 총자산증가율
활동성	총자산회전율, 재고자산회전율

- 재무분석 지표에 대한 평가는 대부분 절대적인 기준보다, 동업종 평균값과 비교하여 상대적으로 평가하는 경우가 많다.
- 기업의 재무상황을 종합적으로 평가하는 방법으로 지수법이 있다.

[부록]

삼성전자주식회사 재무제표에 대한
감사보고서

제 52 기

2020년 01월 01일 부터

2020년 12월 31일 까지

안진회계법인
독립된 감사인의 감사보고서

삼성전자주식회사

주주 및 이사회 귀중

〈감사의견〉

우리는 삼성전자주식회사(이하 "회사")의 재무제표를 감사하였습니다. 동 재무제표는 2020년 12월 31일 현재의 재무상태표, 동일로 종료되는 보고기간의 손익계산서, 포괄손익계산서, 자본변동표 및 현금흐름표 그리고 유의적 회계정책의 요약을 포함한 재무제표의 주석으로 구성되어 있습니다.

우리의 의견으로는 별첨된 회사의 재무제표는 회사의 2020년 12월 31일 현재의 재무상태, 동일로 종료되는 보고기간의 재무성과 및 현금흐름을 한국채택국제회계기준에 따라 중요성의 관점에서 공정하게 표시하고 있습니다.

우리는 또한 회계감사기준에 따라, 「내부회계관리제도 설계 및 운영 개념체계」에 근거한 회사의 2020년 12월 31일 현재의 내부회계관리제도를 감사하였으며, 2021년 2월 17일자 감사보고서에서 적정의견을 표명하였습니다.

감사의견근거

우리는 대한민국의 회계감사기준에 따라 감사를 수행하였습니다. 이 기준에 따른 우리의 책임은 이 감사보고서의 재무제표감사에 대한 감사인의 책임 단락에 기술되어 있습니다. 우리는 재무제표감사와 관련된 대한민국의 윤리적 요구사항에 따라 회사로부터 독립적이며, 그러한 요구사항에 따른 기타의 윤리적 책임을 이행하였습니다. 우리가 입수한 감사증거가 감사의견을 위한 근거로서 충분하고 적합하다고 우리는 믿습니다.

핵심감사사항

핵심감사사항은 우리의 전문가적 판단에 따라 당기 재무제표감사에서 가장 유의적인사항들입니다. 해당 사항들은 재무제표 전체에 대한 감사의 관점에서 우리의 의견형성 시 다루어졌으며, 우리는 이러한 사항에 대하여 별도의 의견을 제공하지는 않습니다.

재화의 판매장려활동에 대한 매출차감

핵심감사사항으로 결정한 이유

IMinformation technology & mobile communications 부문 및 CEconsumer electronics 부문에서 재화의 판매 시 회사는 명시적이거나 암묵적인 약정에 의거하여 유통업자 및 통신업자 등에게 할인 및 장려금 등을 제공하는 매출장려활동을 수행합니다. 재무제표에 대한 주석 2중요한 회계처리방침, 주석 3중요한 회계추정 및 가정에서 설명한 바와 같이, 회사는 매출장려활동에 대한 예상지출액을 추정하여 재화의 판매에 따른 수익에서 차감합니다.

수익 차감 금액의 적정성과 관련하여 회사 경영진의 유의적인 추정

및 판단이 수반되어 편의가 개입될 가능성이 있으며 그 금액이 유의적인 것으로 판단되는 바, 우리는 재화의 판매장려활동에 대한 매출차감을 핵심감사사항으로 결정하였습니다.

핵심감사사항이 감사에서 다루어진 방법

회사의 재화의 판매 관련 매출장려활동 등의 회계처리에 대하여 우리가 수행한 주요 감사절차는 다음과 같습니다.

- 매출차감 처리 관련 회사의 정책, 프로세스 및 내부통제 이해
- 매출차감 처리 관련 시스템에 대한 이해 및 평가
- 매출차감 정책의 승인에 대한 내부통제 평가
- 매출차감 추정 및 사후 정산 금액의 승인에 대한 내부통제 평가
- 매출차감 거래 근거 문서검사를 통한 추정의 적정성 확인
- 판매장려금의 추정치와 정산금액 비교 및 관련 문서검사를 통한 매출차감금액의 적정성 확인

기타사항

회사의 2019년 12월 31일로 종료되는 보고기간의 재무제표는 삼일회계법인이 대한민국의 회계감사기준에 따라 감사하였으며, 이 감사인의 2020년 2월 21일자 감사보고서에는 적정의견이 표명되었습니다.

재무제표에 대한 경영진과 지배기구의 책임

경영진은 한국채택국제회계기준에 따라 이 재무제표를 작성하고 공정하게 표시할 책임이 있으며, 부정이나 오류로 인한 중요한 왜곡표시가 없는 재무제표를 작성하는 데 필요하다고 결정한 내부통제에 대해서도 책임이 있습니다.

경영진은 재무제표를 작성할 때, 회사의 계속기업으로서의 존속능력

을 평가하고 해당되는 경우, 계속기업 관련 사항을 공시할 책임이 있습니다. 그리고 경영진이 기업을 청산하거나 영업을 중단할 의도가 없는 한, 회계의 계속기업전제의 사용에 대해서도 책임이 있습니다.

지배기구는 회사의 재무보고절차의 감시에 대한 책임이 있습니다.

재무제표감사에 대한 감사인의 책임

우리의 목적은 회사의 재무제표에 전체적으로 부정이나 오류로 인한 중요한 왜곡표시가 없는지에 대하여 합리적인 확신을 얻어 우리의 의견이 포함된 감사보고서를 발행하는 데 있습니다. 합리적인 확신은 높은 수준의 확신을 의미하나, 감사기준에 따라 수행된 감사가 항상 중요한 왜곡표시를 발견한다는 것을 보장하지는 않습니다. 왜곡표시는 부정이나 오류로부터 발생할 수 있으며, 왜곡표시가 재무제표를 근거로 하는 이용자의 경제적 의사결정에 개별적으로 또는 집합적으로 영향을 미칠 것이 합리적으로 예상되면, 그 왜곡표시는 중요하다고 간주됩니다.

감사기준에 따른 감사의 일부로서 우리는 감사의 전 과정에 걸쳐 전문가적 판단을 수행하고 전문가적 의구심을 유지하고 있습니다. 또한 우리는

- 부정이나 오류로 인한 재무제표의 중요왜곡표시위험을 식별하고 평가하며 그러한 위험에 대응하는 감사절차를 설계하고 수행합니다. 그리고 감사의견의 근거로서 충분하고 적합한 감사증거를 입수합니다. 부정은 공모, 위조, 의도적인 누락, 허위진술 또는 내부통제 무력화가 개입될 수 있기 때문에 부정으로 인한 중요한 왜곡표시를 발견하지 못할 위험은 오류로 인한 위험보다 큽니다.
- 상황에 적합한 감사절차를 설계하기 위하여 감사와 관련된 내부통제를 이해합니다.
- 재무제표를 작성하기 위하여 경영진이 적용한 회계정책의 적합성

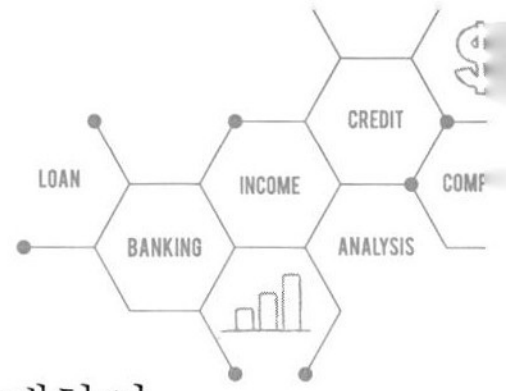

과 경영진이 도출한 회계추정치와 관련 공시의 합리성에 대하여 평가합니다.

- 경영진이 사용한 회계의 계속기업전제의 적절성과, 입수한 감사증거를 근거로 계속기업으로서의 존속능력에 대하여 유의적 의문을 초래할 수 있는 사건이나 상황과 관련된 중요한 불확실성이 존재하는지 여부에 대하여 결론을 내립니다. 중요한 불확실성이 존재한다고 결론을 내리는 경우, 우리는 재무제표의 관련 공시에 대하여 감사보고서에 주의를 환기시키고, 이들 공시가 부적절한 경우 의견을 변형시킬 것을 요구받고 있습니다. 우리의 결론은 감사보고서일까지 입수된 감사증거에 기초하나, 미래의 사건이나 상황이 회사의 계속기업으로서 존속을 중단시킬 수 있습니다.
- 공시를 포함한 재무제표의 전반적인 표시와 구조 및 내용을 평가하고, 재무제표의 기초가 되는 거래와 사건을 재무제표가 공정한 방식으로 표시하고 있는지 여부를 평가합니다.

우리는 여러 가지 사항들 중에서 계획된 감사범위와 시기 그리고 감사 중 식별된 유의적 내부통제 미비점 등 유의적인 감사의 발견사항에 대하여 지배기구와 커뮤니케이션합니다.

또한 우리는 독립성 관련 윤리적 요구사항들을 준수하고, 우리의 독립성 문제와 관련된다고 판단되는 모든 관계와 기타사항들 및 해당되는 경우 관련 제도적 안전장치를 지배기구와 커뮤니케이션한다는 진술을 지배기구에게 제공합니다.

우리는 지배기구와 커뮤니케이션한 사항들 중에서 당기 재무제표감사에서 가장 유의적인 사항들을 핵심감사사항으로 결정합니다. 법규에서 해당 사항에 대하여 공개적인 공시를 배제하거나, 극히 드문 상황으로 우리가 감사보고서에 해당 사항을 기술함으로 인한 부정적 결과가 해당 커뮤니케이션에 따른 공익적 효익을 초과할 것으로 합리적으로 예상되어 해당 사항을 감사보고서에 커뮤니케이션해서는 안 된다고 결론을 내리는 경우가 아닌 한, 우리는 감사보고서에 이러한 사항들을 기술합니다.

이 감사보고서의 근거가 된 감사를 실시한 업무수행 이사는 공인회계사 유병문입니다.

서울시 영등포구 국제금융로 10
안진회계법인
대 표 이 사 홍 종 성
2021년2월17일

> 이 감사보고서는 감사보고서일(2021년 2월 17일) 현재로 유효한 것입니다. 따라서 감사보고서일 후 이 보고서를 열람하는 시점 사이에 첨부된 회사의 재무제표에 중요한 영향을 미칠 수 있는 사건이나 상황이 발생할 수도 있으며 이로 인하여 이 감사보고서가 수정될 수도 있습니다.

(첨부) 재 무 제 표

삼성전자주식회사

제52기
2020년 01월 01일 부터
2020년 12월 31일 까지

제51기
2019년 01월 01일 부터
2019년 12월 31일 까지

"첨부된 재무제표는 당사가 작성한 것입니다."

삼성전자주식회사 대표이사 김기남

본점 소재지 : (도로명주소) 경기도 수원시 영통구 삼성로 129 (매탄동)
(전 화) 031-200-1114

재 무 상 태 표

제 52 기 : 2020년 12월 31일 현재

제 51 기 : 2019년 12월 31일 현재

삼성전자주식회사 (단위:백만 원)

과목	주석	제 52 (당) 기		제 51 (전) 기	
자산					
Ⅰ. 유동자산			73,798,549		72,659,080
1. 현금 및 현금성자산	4, 28	989,045		2,081,917	
2. 단기금융상품	4, 28	29,101,284		26,501,392	
3. 매출채권	4, 5, 7, 28	24,736,740		26,255,438	
4. 미수금	4, 7, 28	1,898,583		2,406,795	
5. 선급비용		890,680		813,651	
6. 재고자산	8	13,831,372		12,201,712	
7. 기타유동자산	4, 28	2,350,845		2,398,175	
Ⅱ. 비유동자산			155,865,878		143,521,840
1. 기타포괄손익-공정가치금융자산	4, 6, 28	1,539,659		1,206,080	
2. 당기손익-공정가치금융자산	4, 6, 28	3,107		3,181	
3. 종속기업, 관계기업 및 공동기업 투자	9	56,587,548		56,571,252	
4. 유형자산	10	86,166,924		74,090,275	
5. 무형자산	11	7,002,648		8,008,653	

과목	주석	제 52 (당) 기		제 51 (전) 기	
6. 순확정급여자산	14	1,162,456		486,855	
7. 이연법인세자산	25	992,385		547,176	
8. 기타비유동자산	4, 7, 28	2,411,151		2,608,368	
자산총계			229,664,427		216,180,920
부채					
Ⅰ. 유동부채			44,412,904		36,237,164
1. 매입채무	4, 28	6,599,025		7,547,273	
2. 단기차입금	4, 5, 12, 28	12,520,367		10,228,216	
3. 미지급금	4, 28	9,829,541		9,142,890	
4. 선수금	17	424,368		355,562	
5. 예수금	4, 28	432,714		383,450	
6. 미지급비용	4, 17, 28	7,927,017		5,359,291	
7. 당기법인세부채		3,556,146		788,846	
8. 유동성장기부채	4, 12, 13, 28	87,571		153,942	
9. 충당부채	15	2,932,468		2,042,039	
10. 기타유동부채	17	103,687		235,655	
Ⅱ. 비유동부채			1,934,799		2,073,509
1. 사채	4, 13, 28	31,909		39,520	
2. 장기차입금	4, 12, 28	150,397		174,651	

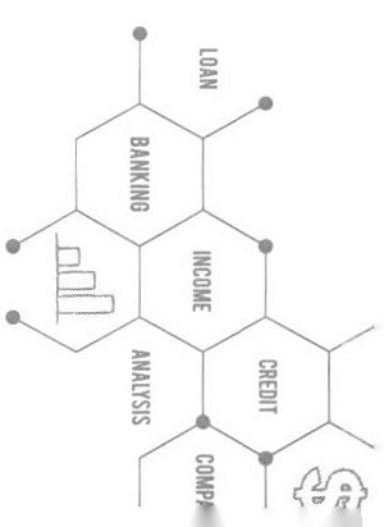

과목	주석	제 52 (당) 기		제 51 (전) 기	
3. 장기미지급금	4, 28	1,247,752		1,574,535	
4. 장기충당부채	15	503,035		283,508	
5. 기타비유동부채		1,706		1,295	
부채총계			46,347,703		38,310,673
자본					
Ⅰ. 자본금	18		897,514		897,514
1. 우선주자본금		119,467		119,467	
2. 보통주자본금		778,047		778,047	
Ⅱ. 주식발행초과금			4,403,893		4,403,893
Ⅲ. 이익잉여금	19		178,284,102		172,288,326
Ⅳ. 기타자본항목	20		(268,785)		280,514
자본총계			183,316,724		177,870,247
부 채 와 자 본총 계			229,664,427		216,180,920

별첨 주석은 본 재무제표의 일부입니다.

손익계산서

제 52 기 : 2020년 1월 1일부터 2020년 12월 31일까지
제 51 기 : 2019년 1월 1일부터 2019년 12월 31일까지

삼성전자주식회사 (단위: 백만 원)

과목	주 석	제 52 (당) 기		제 51 (전) 기	
Ⅰ. 매 출 액	29		166,311,191		154,772,859
Ⅱ. 매 출 원 가	21		116,753,419		113,618,444
Ⅲ. 매출총이익			49,557,772		41,154,415
판매비와 관리비	21, 22	29,038,798		27,039,348	
Ⅳ. 영 업 이 익	29		20,518,974		14,115,067
기 타 수 익	23	797,494		5,223,302	
기 타 비 용	23	857,242		678,565	
금 융 수 익	24	5,676,877		4,281,534	
금 융 비 용	24	5,684,180		3,908,869	
Ⅴ. 법인세비용차감전순이익			20,451,923		19,032,469
법인세비용	25	4,836,905		3,679,146	
Ⅵ. 당기순이익			15,615,018		15,353,323
Ⅶ. 주 당 이 익	26				
기본주당이익(단위 : 원)			2,299		2,260
희석주당이익(단위 : 원)			2,299		2,260

별첨 주석은 본 재무제표의 일부입니다.

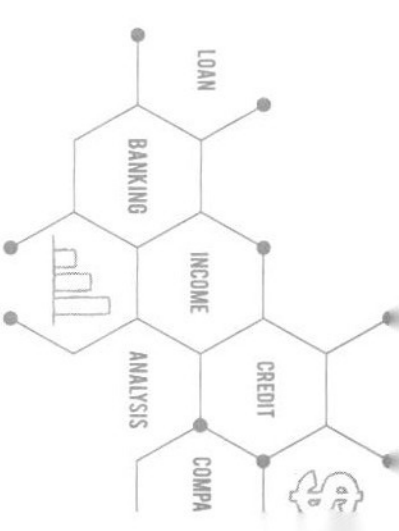

포괄손익계산서

제 52 기 : 2020년 1월 1일부터 2020년 12월 31일까지

제 51 기 : 2019년 1월 1일부터 2019년 12월 31일까지

삼성전자주식회사 (단위 : 백만 원)

과목	주 석	제 52 (당) 기		제 51 (전) 기	
Ⅰ. 당기순이익			15,615,018		15,353,323
Ⅱ. 기타포괄손익			(549,299)		(851,958)
후속적으로 당기손익으로 재분류되지 않는 포괄손익			(549,299)		(851,958)
1. 기타포괄손익-공정가치금융자산평가손익	6, 20	93,251		73,199	
2. 순확정급여부채(자산) 재측정요소	14, 20	(642,550)		(925,157)	
후속적으로 당기손익으로 재분류되는 포괄손익			-		-
Ⅲ. 총포괄손익			15,065,719		14,501,365

별첨 주석은 본 재무제표의 일부입니다.

자 본 변 동 표

제 52 기 : 2020년 1월 1일부터 2020년 12월 31일까지
제 51 기 : 2019년 1월 1일부터 2019년 12월 31일까지

삼성전자주식회사 (단위 : 백만 원)

과목	주 석	자본금	주식발행 초과금	이익잉여금	기타자본항목	총 계
2019.1.1(전기초)		897,514	4,403,893	166,555,532	1,131,186	172,988,125
Ⅰ. 총포괄손익						
1. 당기순이익		-	-	15,353,323	-	15,353,323
2. 기타포괄손익-공정가치금융자산평가손익	6, 20	-	-	(1,286)	74,485	73,199
3.순확정급여부채(자산)재측정요소	14, 20	-	-	-	(925,157)	(925,157)
Ⅱ. 자본에 직접 인식된 주주와의 거래						
1. 배당	19	-	-	(9,619,243)	-	(9,619,243)
2019.12.31(전기말)		897,514	4,403,893	172,288,326	280,514	177,870,247
2020.1.1(당기초)		897,514	4,403,893	172,288,326	280,514	177,870,247
Ⅰ. 총포괄손익						
1. 당기순이익		-	-	15,615,018	-	15,615,018
2. 기타포괄손익-공정가치금융자산평가손익	6, 20	-	-	-	93,251	93,251
3.순확정급여부채(자산)재측정요소	14, 20	-	-	-	(642,550)	(642,550)
Ⅱ. 자본에 직접 인식된 주주와의 거래						
1. 배당	19	-	-	(9,619,242)	-	(9,619,242)
2020.12.31(당기말)		897,514	4,403,893	178,284,102	(268,785)	183,316,724

별첨 주석은 본 재무제표의 일부입니다.

현금흐름표

제 52 기 : 2020년 1월 1일부터 2020년 12월 31일까지
제 51 기 : 2019년 1월 1일부터 2019년 12월 31일까지

삼성전자주식회사 (단위 : 백만 원)

과목	주석	제 52 (당) 기		제 51 (전) 기	
Ⅰ. 영업활동 현금흐름			37,509,025		22,796,257
1. 영업에서 창출된 현금흐름		39,541,654		28,344,706	
가. 당기순이익		15,615,018		15,353,323	
나. 조정	27	24,319,842		16,911,222	
다. 영업활동으로 인한 자산부채의 변동	27	(393,206)		(3,919,839)	
2. 이자의 수취		448,323		673,363	
3. 이자의 지급		(148,262)		(306,633)	
4. 배당금 수입		129,569		4,625,181	
5. 법인세 납부액		(2,462,259)		(10,540,360)	
Ⅱ. 투자활동 현금흐름			(31,175,575)		(13,537,171)
1. 단기금융상품의 순감소(증가)		(2,099,892)		6,212,479	
2. 장기금융상품의 처분		-		1,400,000	
3. 기타포괄손익-공정가치금융자산의 처분		503		1,239	
4. 기타포괄손익-공정가치금융자산의 취득		(204,957)		(6,701)	

과 목	주 석	제 52 (당) 기		제 51 (전) 기	
5. 당기손익-공정가치금융자산의 처분		74		7,334	
6. 종속기업, 관계기업 및 공동기업 투자의 처분		22,057		58,677	
7. 종속기업, 관계기업 및 공동기업 투자의 취득		(163,456)		(925,139)	
8. 유형자산의 처분		431,142		600,901	
9. 유형자산의 취득		(26,962,042)		(17,240,242)	
10. 무형자산의 처분		1,082		1,965	
11. 무형자산의 취득		(2,239,834)		(2,855,959)	
12. 사업결합으로 인한 현금유출액		-		(785,000)	
13. 기타투자활동으로 인한 현금유출입액		39,748		(6,725)	
Ⅲ. 재무활동 현금흐름			(7,426,376)		(9,787,719)
1. 단기차입금의 순증가(감소)	27	2,326,350		(41,078)	
2. 사채 및 장기차입금의 상환	27	(134,443)		(128,431)	
3. 배당금의 지급		(9,618,283)		(9,618,210)	
Ⅳ. 외화환산으로 인한 현금의 변동			54		2,593
Ⅴ. 현금및현금성자산의 증가(감소)(Ⅰ+Ⅱ+Ⅲ+Ⅳ)			(1,092,872)		(526,040)
Ⅵ. 기초의 현금및현금성자산			2,081,917		2,607,957
Ⅶ. 기말의 현금및현금성자산			989,045		2,081,917

별첨 주석은 본 재무제표의 일부입니다.

회맹탈출을 위한 3주간의 **회계여행**

제2주

세금을 극복하자

12
11
1
10
2
9
3
8
4
7
5
6

DAY 1

세금은 죽음도 피하지 못한다

"세금에 대해 불평하는 사람들은 두 종류로 나눌 수 있다.
바로 남자와 여자다."

이 말은 미국인의 세금에 대한 유머인데, 결국 이 세상의 모든 사람이 세금에 대해 불평한다는 말이다. 옛날부터 세금을 기분 좋게 내는 사람은 없었나 보다. 성경에서도 세금을 거두는 세리를 좋게 표현한 것은 아니었으니 말이다.

국민이라면 누구나 세금을 부담해야 할 의무를 지고 있고, 복지국가로 갈수록 개인의 세금 부담이 커진다는 것이 상식이지만, 세금은 피하고 싶은 것이 인지상정이다. 그렇지만 유감스럽게도 세금은 늘 우리 곁에 맴돌고 있다. 만기가 된 적금을 찾으면 세금 명목으로 일부 금액이 떼인 통장을 보고 정부가 벼룩의 간을 빼먹는 것 같아 허탈함을 느낀 경험은 누구에게나 있을 것이다. 필자 역시 외부 특강을 하고 강사료를 받으면 영락없이 세금을 떼고 받는데, 이럴 때는 정말 '도대체 세무서가 어디까지 쫓아다니는지' 오싹한 느낌마저 든다.

"이 세상에서 죽음과 세금만큼 확실한 것은 없다."

벤자민 프랭클린이 한 말이다. 살아 있는 사람은 언젠가 확실히 죽기 마련인 것처럼, 살아가는 동안 세금문제를 절대 피할 수 없다는 표현이다. 여기에 한술 더 보탠다면 죽음도 세금은 피해가지 못한다. 사람이 죽었을 때도 상속 등으로 인한 세금문제가 뒤따르기 때문이다. 도대체 세금이란 무엇인가?

세금은 국가 및 지방자치단체의 운영재원이다.

국가가 존재하는 한 그 운영을 위한 재원이 필요하다. 국경도 지켜야 하고, 치안서비스도 하여야 하고, 교육 및 복지도 제공하여야 한다. 이런 살림살이에 들어가는 돈은 결국 국민이 부담해야 할 몫이 된다. 국가의 운영재원을 국민으로부터 거둬들이는 것이 곧 세금이다. 한 국가의 국민으로 살아가는 한 납세는 국민의 의무 중 하나가 되는 것이다.

2022년도 대한민국의 살림살이예산 규모는 607조 원을 넘어섰다. 인구수를 5,000만 명으로 잡으면 1인당 어림잡아 1,215만 원씩 해당되는 셈이다. 이러한 국가예산은 결국은 국민이 부담해야 하는 몫이기 때문에 정부가 함부로 정할 수 없고, 국민의 대표로 구성된 국회에서 정하도록 하고 있다. 시, 도 등 지방자치단체 또한 세금을 부과할 수 있는 바, 중앙정부, 즉 국가가 부과하는 세금을 국세라고 하고 지방자치단체가 부과하는 세금을 지방세라고 한다.

세금은 직접적인 반대급부를 수반하지 않는다.

세금은 내 호주머니에서 금싸라기 같은 돈이 나가지만, 그 반대급부는 국방·복지 등 국가행위로 국민 모두에게 보편적으로 행해진다. 국가행위는 우리가 물건을 사는 것처럼 직접적인 반대급부로 주어지는 것이 아니기 때문에, 마치 세금은 반대급부 없이 일방적으로 내기만 하는 것으로 생각될 수 있다. 사실은 국가행위에 의해 국민 모두가 공통으로 누리고 있지만공공재, public goods, 이기적인 인간의 본심에 따라 내가 안 내더라도 누군가 부담하여 해결할 것 같은 느낌으로, 가능하면 피해가고 싶은 유혹, 즉 도덕적 해이moral hazard가 나타나기 마련이다. 세금은 원칙적으로 외상이 없는 금전의 형태로 부과되지만, 특별한 경우 예외적으로 분납예: 재산세, 종합부동산세 등이나 물납예: 상속세 등이 허용되는 경우도 있다.

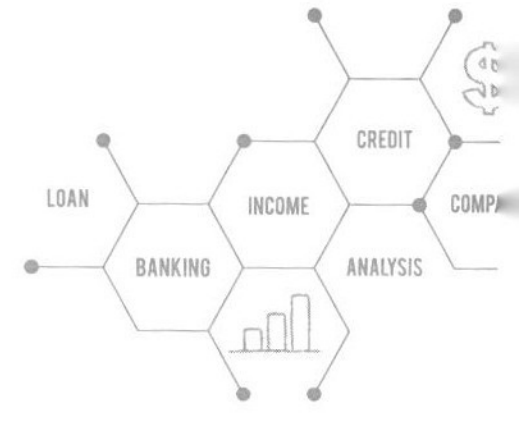

세금은 매우 효과적이고 강력한 정부정책수단이 된다.

원래 세금의 의미는 국가운영재원을 확보하기 위해 국민에게 부과되는 것이지만, 현대에 세금은 정부의 정책수단으로서의 의미를 강하게 가진다. 예컨대, 출산장려를 위해 자녀를 낳을수록 세금상의 혜택을 준다든가, 중소기업을 육성하기 위하여 중소기업에 세금혜택을 준다든가, 저소득층 재산형성을 돕기 위해 저소득층의 금융소득에 대한 비과세혜택을 준다든가, 지방의 산업발전을 위하여 지방소재 기업의 세금을 깎아주는 등이다.

세금은 법률로 정한다: 조세법률주의

"대표 없이 과세 없다No Taxation without Representative."

이 말은 세금으로 국가가 운영되니, 세금을 어떻게 걷고 어떻게 쓸 것인지를 정하는 데 납세자들tax payers의 의견이 반영되어야만 한다는 뜻이며, 1628년의 권리청원, 1689년의 권리장전, 1789년의 인권선언 등 시민혁명을 통해 확립된 과세원칙이다. 세금은 국민 모두에게 보편적으로 부과되므로 함부로 아무렇게나 부과하여서는 안 된다. 왕조시대나 독재시대에 권력자가 아무렇게나 세금을 부과하여 국민을 못살게 하는 식의 가렴주구苛斂誅求가 있어서는 안 된다. 따라서 세금은 반드시 국민의 대표기구인 국회에서 법률로 정하여 부과하도록 하고 있다. 이를 조세법률주의라고 한다.

세금은 여러 가지 종류로 존재하고, 각각의 세금에 대하여 별도의 법률이 제정되어 있다. 엄격히 말해 흔히 말하는 '세법'은 존재하지 않는다. 다만, 세금과 관련된 법률을 묶어 흔히 세법이라고 통칭하는 것이다. 대표적 세법들을 보면 국세기본법, 국세징수법, 소득세법, 법인세법, 부가가치세법, 상속세 및 증여세법, 지방세법, 조세특례제한법 등이다. 2022년 현재 법률로 정해진 세금은 다음의 〈표 2-1〉과 같이, 국세 13가지, 지방세 11가지 총 24가지의 세금이 있다.

이렇게 많은 세금들이 있지만, 이 책은 회계 책인 만큼, 주로 사업자가 기본적으로 회계이슈로 고민하게 되는 부가가치세, 소득세법인세와 세금 신고에 따른 장부기장 문제만 다루도록 한다.

표 2-1_ 세금의 종류

구분				징수기관
국세	보통세	직접세	소득세, 법인세, 상속세, 증여세, 종합부동산세	국세청(세무서)
		간접세	부가가치세, 개별소비세, 주세, 인지세, 증권거래세	
	목적세		교육세, 교통에너지환경세, 농어촌특별세	
지방세	보통세		취득세, 등록면허세, 레저세, 담배소비세, 지방소비세, 주민세, 지방소득세, 재산세, 자동차세	지방자치단체
	목적세		지역자원시설세, 지방교육세	

- **국세와 지방세:** 국가, 즉 중앙정부가 부과하는 세금을 국세라 하고, 특별시·광역시·도·시·군·구 등 지방자치단체가 부과하는 세금을 지방세라고 한다.
- **보통세와 목적세:** 특별한 목적을 위하여 부과하는 세금을 목적세라고 하고, 특별한 목적이 없고 일반적인 재정수입으로 부과하는 세금을 보통세라고 한다.
- **직접세와 간접세:** 세금을 부담하는 담세자가 직접 납부하는 세금을

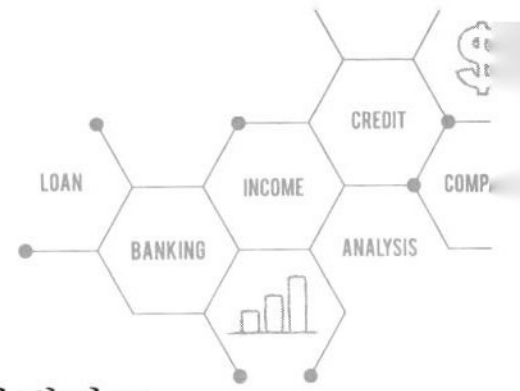

직접세라고 하고, 담세자와 납세자가 분리되는 세금을 간접세라고 한다.

이렇게 세금의 종류가 많고, 세법이 매년 바뀌는 만큼이나 복잡하고 해석의 여지도 많다. 세금문제를 개인이 모두 알아서 처리하기에는 너무나 복잡하다. 그러기에 세금문제를 전문적으로 다룰 수 있는 전문가공인회계사, 세무사가 존재하는 것이다. 모르면 전문가를 찾는 것이 가장 쉽고 빠른 길이다!

복잡한 만큼이나 실수 또는 고의로 제대로 챙기지 못하는 수가 많다. 세법을 어겨 탈세를 하는 것은 당연히 중대 범죄이지만, 제대로 챙기지 못하여 내지 않아도 될 세금을 내는 것 또한 어리석은 일이다.

우리나라 조세제도는 원칙적으로 신고납부제도이다. 즉, 정부가 세금을 먼저 매기고 매겨진 세금을 납세자가 내는 것이 아니라, 납세자가 자발적으로 세금을 세법에 따라 신고하고 납부하는 것이다. 정부는 일단 이를 믿고 받아들이되, 제대로 신고한 것인지를 모니터링하고, 잘못되었으면 다시 부과하면서 징벌적으로 가산세를 매기거나 때로는 형사처벌하기도 한다. 그 수단이 바로 '세무조사'이다.

세무조사는 모두가 무서워한다. 모두가 세무조사를 무서워한다는 것은 역설적으로 모두 세금 신고·납부에 문제가 있다는 것을 말하는 것이나 마찬가지다. 그만큼 세법의 내용이 복잡하고 해석의 여지도 많고 탈세의 유혹 또한 많다는 현실을 말해주는 것이다. 간혹 정부는 어떤 상황에서 "어떤 대상에 대하여 일정 기간 동안 세무조사를 하지 않겠다"는 정책을 말하곤 한다. 이를 곰곰이 생각해 보면 어떤 의미가 있는가? "대충 눈감아 줄테니 적당히 알아서 하라"는 의미를 내포하니 정부가 나서서 탈세를 조장하는 것이나 다름없다.

- **탈세**(脫稅): 세법을 위반하여 세금을 줄이거나 납부하지 않으려는 모든 불법행위
- **절세**(節稅): 세법이 인정하고 있는 범위 안에서 합법적으로 세금을 줄이는 행위

매년 세금이 쓰이는 국가의 살림살이가 바뀌고 정부정책이 바뀌니 이에 맞춰 세법 또한 매년 바뀐다. 매년 정기국회가 끝나고 나면 소개되는 개정법률에는 어김없이 세법이 포함되어 있다. 아마도 우리나라에서 제일 많이 바뀌는 법률이라면 당연히 세법이 될 것이다. 이 말은 곧 작년의 세법내용이 금년에는 달라지니 이를 항상 업데이트update하는 것이 필요하고, 세금 관련 책의 내용 또한 매년 바뀌어야만 한다는 것이다. 바로 이 책의 내용도 내년이면 세금문제에 관한 한 바로 구판old version이 될 운명이다.

개인 생활이든 사업 활동이든 세법의 영역 안에서 이루어지니 일 년 내내 세금문제가 발생할 수밖에 없다. 일 년 동안 이루어지는 주요 세금 관련 일지를 정리해 보면 〈표 2-2〉와 같다. 대체로 세무서가 세무일지를 챙겨 알려주지만, 납세자 또한 잊지 말고 잘 챙겨야 할 일이다. 자칫 기한을 넘기면 적지 않은 가산세를 부담하여야 하기 때문이다.

세금은 어디에 부과되는가?

세금은 누가 부담하는가? 원칙적으로 모든 국민은 납세의 의무가 있다. 즉, 모든 국민은 국가에 세금부담의 의무를 지는 것이다. 그런데, 구체적으로 누구에게 어떤 세금을 부과할 것이냐 하는 것은 어디에 세금을 매길 것이냐 하는 세금부과의 기준, 즉 세원稅源을 정하는 일이다.

표 2-2_ 1년 동안의 주요 세무 일지

월	해당자	세 무
매월	사업자	원천징수 이행상황신고 및 납부
1월	사업자	2기 부가가치세 확정 신고 납부
2월	개인, 사업자	근로소득 연말정산, 면세사업자 사업장현황신고
3월	사업자	12월 결산 법인 법인세 신고 납부
4월	사업자	1기 부가가치세 예정신고 납부
5월	개인, 사업자	종합소득세 신고 납부
6월	개인, 사업자	자동차세 납부
7월	사업자	1기 부가가치세 확정 신고 납부, 재산세 납부
8월	사업자	법인세 중간예납
9월	개인, 사업자	6월 결산 법인 법인세 신고납부, 재산세 납부
10월	사업자	2기 부가가치세 예정 신고 납부
11월	개인, 사업자	종합소득세 중간예납
12월	개인, 사업자	종합부동산세 신고납부, 자동차세 납부

첫째, 세금은 돈을 벌었을 때 즉 소득이 생겼을 때 그 소득에 세금을 부과한다. 소득세와 법인세가 소득에 부과되는 대표적 세금이다. 둘째, 보유하는 재산 즉 부富에 대하여 세금을 부과한다. 재산세, 종합부동산세, 자동차세 등이 보유재산에 대하여 부과되는 대표적인 세금이다. 셋째, 소비할 때 소비액에 부과하는 세금으로 부가가치세, 개별소비세가 소비액에 대하여 부과하는 대표적 세금이다. 그 외, 일정한 행위를 했을 때 그 행위에 대하여 세금을 부과예: 증권거래세, 레저세 등하는 등 특별한 세원이 있다. 대표적인 세원은 소득, 재산, 소비라고 할 수 있다.

원천징수

만기가 된 적금을 찾으면 은행에서 세금 명목으로 일부 금액을 떼고 지급한다. 직장근로자가 월급을 받을 때는 예외 없이 회사에서 일정한 세금을 떼고 지급한다. 은행이나 직장이 세무서가 아니면서 세금을 떼는 일을 하는 것이다.

이처럼 사업자가 필요한 지출을 하면서 그 지급 상대방의 소득에 대해 세무서 대신 세금을 징수해 납부해야 하는 경우가 있는데 이를 '원천징수源泉徵收'라고 한다. 즉, 세금의 원천인 소득을 지급하면서 세금을 징수하는 것으로, 이때 소득의 지급자인 사업자는 '원천징수의무자'가 된다.

사업자의 가장 대표적인 원천징수는 종업원에게 지급하는 급여에 대한 세금근로소득세을 징수하는 것이다. 즉, 종업원에게 매월 급여를 지급할 때 세무당국에서 정한 간이세액표상의 금액을 원천징수하여 신고·납부하고, 연말에 정확한 세금을 계산해 정산하는 '연말정산'에 따라 신고·납부한다.

또한 사내교육 강사에 대한 강사료기타소득를 지급할 때도 일정률을 원천징수하고, 일정액 이상을 지급하는 일용근로자에 대한 임금도 원천징수하며, 종업원이 퇴직할 때 지급하는 퇴직소득에 대해서도 마찬가지다.

만약 이와 같은 원천징수제도가 없다면 세무서에서 일일이 세원을 추적하여 징수하거나, 개인이 일일이 신고 납부해야 하는데, 이럴 경우 사회적 비용이 매우 커지고 탈세의 가능성 또한 높아질 우려가 있다. 즉, 원천징수제도를 도입함으로써 탈세를 방지하고, 세금징수비용을 절약하는 동시에 조세수입을 조기에 확보하는 등의 효과를 거두고 있는 것이다.

어떻든 사업자로서는 세금 내는 것만으로도 모자라 세무서 일까지 맡아 하니 억울하기 짝이 없지만, 제대로 챙기지 못하면 법률상 책임을 져야 하니 어쩔 수 없는 노릇이다.

회맹탈출을 위한 3주간의 **회계여행**

DAY

2

억울한 세금은 내지 말자

"나는 납세자다!I am a taxpayer."

이 말은 미국에서 시민들이 공무원에게 큰소리 칠때 하는 말이라고 들었다. 내가 바로 세금을 내는 주인이니 내 말을 들으라는 의미가 내포된 말이 아닌가. 관공서 앞에만 서면 왠지 작아지는 듯한 기분을 느끼는 우리의 오랜 습관과는 대비되는 문화가 아닌가. 사실 우리나라는 민주공화국이니 국민이 주인이고 공무원은 말 그대로 공복公僕일 수 있는데, 거기다 우리 주머니에서 나가는 세금으로 국가를 운영하니 납세자가 왕인 것만은 틀림없다.

그렇다고 '손님은 왕이다'라는 말 때문인지 모르지만, 과도하게 갑질하는 '못된 손님'처럼 하자는 건 아니다. 세금에 관한 한 적어도 안 내도 되는 세금을 내는 일은 하지 말자는 것이다. 세금은 워낙 복잡하고 해석의 여지가 많아서 제대로 낸다는 것이 쉬운 일이 아니다. 사람의 일이라 실수도 있고, 간혹 세법에 대한 공무원의 잘못된 해석이나 실수로 부당한 부과를 받더라도 세무서에서 하는 일이니 잘못되었을리 없겠지 하고 넘어가는 일은 하지 말아야 한다는 것이다.

납세자권익보호제도를 알자

"권리위에 잠자는 자는 보호받지 못한다"

독일의 법학자 루돌프 폰 예링Rudolf von Jhering이 한 유명한 법언이다. 누군가에게 법률에 의해 어떤 권리가 있다면 그 권리를 절차에 따라 적극적으로 주장하지 않으면 권리보호를 받을 수 없다는 뜻으로 법치주의 국가에 살고 있는 우리들에게 많은 시사점을 주는 말이다. 복잡한 세금에 있어서 더욱 그러하다. 세법에서는 납세자의 권익을 보호하는 여러 제도를 마련해 두고 있다. 이를 조세불복제도 또는 권리구제제도라고 하며, 각 세무서에는 이 업무를 담당하는 납세자보호담당관이 있다.

과세전적부심사제도

- 세무서나·지방국세청으로부터 세무조사결과 통지 또는 업무감사 및 세무조사 파생자료 등에 의한 과세예고통지를 받았을 때 청구하는 제도
- 서면통지를 받은 날로부터 30일 이내에 해당 세무서, 지방국세청, 국세청에 억울하거나 부당하다고 생각하는 내용을 문서적부심사청구서로 제출
- 청구서가 접수되면 해당 세무서, 지방국세청, 국세청에서는 접수받은 날로부터 30일 이내에 국세심사위원회의 심사를 거쳐 결정하고 그 결과를 통지

이의신청

- 납세고지를 받은 날로부터 90일 이내에 고지한 세무서 또는 소관 지방국세청에 이의신청
- 세무서에 과세전적부심사를 청구한 경우에는 소관 지방국세청에 이의신청
- 이의신청서를 접수한 날로부터 30일 이내에 결정하고 신청인에게 그 결과를 통지

심사 · 심판청구

- 납세고지를 받은 날로부터 90일 이내에 심사청구나 심판청구
- 이의신청을 한 경우에는 이의신청의 결정통지를 받은 날로부터 90

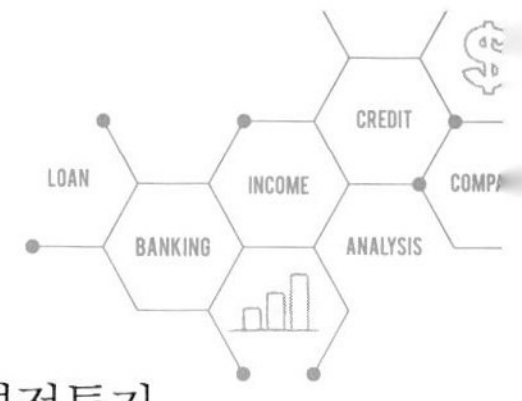

일 이내에 심사 또는 심판청구. 이의신청 결정기간 내에 결정통지를 받지 못한 경우 결정통지를 받기 전이라도 그 결정기간이 지난 날부터 심사청구 가능

- 심사청구는 국세청이나 감사원에 하며, 심판청구는 조세심판원에 하는 것이나, 모두 관할세무서에 제출
- 심사·심판청구를 접수한 날로부터 90일 이내에 결정하여 신청인에게 그 결과를 통지
- 국세청심사·심판·감사원심사 청구는 중복청구 불가

행정소송

- 심사청구 또는 심판청구에 의해 권리구제를 받지 못한 경우에는 결정통지를 받은 날로부터 90일 이내에 해당 세무관서를 관할하는 법원에 행정소송을 제기

조세특례제한법을 잘 챙기자

세법 중에 아주 특별한 법률이 있다. '세금은 법률로 정한다'는 원칙에 따라 과세와 관련된 사항은 반드시 법률로 정하고 있다. 그러므로 세금과 관련하여 특별한 혜택을 주는 등 예외사항 등도 반드시 법률로 정해야 한다.

정부는 조세정책을 수립하고 수행하는 데 있어 한편으로는 과세의 공평을 기하나 또 한편 특별히 중소기업지원, 연구 및 인력개발 지원, 투자촉진, 고용지원, 저축촉진, 근로장려, 자녀장려 등의 특별한 국가정책을 효과적으로 수행하기 위하여 조세정책을 활용하는 것이 필요할 때가 있다. 이러한 목적으로 제정된 법률이 조세특례제한법이다.

조세특례라 함은 일정한 요건에 해당하는 경우의 특례세율의 적용, 세액감면, 세액공제, 소득공제, 준비금의 손금산입 등의 조세감면과 특정목적을 위한 익금산입, 손금불산입의 중과세 등을 말한다.

세법이 더욱 복잡해지는 원인 중 하나가 조세특례 때문이라고 할 수 있다. 국민 모두에게 공평하게 적용되는 세법을 정하고 나면, 여러 가지 현실적으로 고려해야 할 특별한 문제들이 발견될 수 있고, 정부의 특별한 목적사업 때문에 예외적인 규정을 정하기 때문이다. 그러다 보면 말 그대로 세법은 '누더기법률'이 될 수밖에 없는 현실이다. 납세자의 입장에서는 이러한 특례를 잘 살펴서 혜택을 받을 수 있는 것을 몰라서 혜택받지 못하는 억울한 일이 없도록 살피는 것이 필요하다.

가산세를 피하자

세금은 국가를 운영하는 데 필수적인 재원을 구성하므로 납세의무는 국민이 부담하는 제일 중요한 의무 중의 하나이다. 우리나라는 선진 여러 나라와 마찬가지로 기본적으로 신고납세제도를 채택하고 있다. 즉, 국가가 일일이 찾아다니면서 세금을 부과하는 것이 아니라 납세자가 스스로 세금을 신고하고 납부하는 제도이다. 신고납세제도는 부과과세제도보다 민주적이고 능률적인 제도이기는 하나 납세자의 성실한 납세의식이 뒷받침되어야 효과적인 제도라 할 수 있다.

실제 생활에서 납세자는 세금의 종류가 많고 복잡하다 보면 자칫 실수로 놓칠 수도 있고 고의로 축소하거나 미룰 수도 있다. 세법국세기본법에서는 이러한 것을 예방하기 위한 조치로 가산세제도를 규정하고 있다. 가산세는 해당 세액의 10%에서 많게는 40%까지 부과되니 주의하지 않을 수 없다.

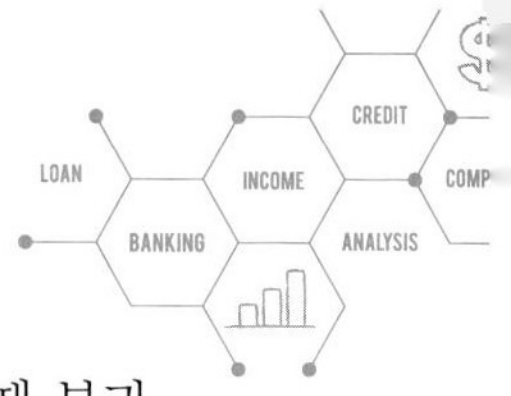

가산세는 크게 신고기한 내에 신고하지 않거나 적게 신고할 때 부과하는 신고불성실가산세와 납부기한 내에 납부하지 않거나 적게 납부할 때 부과하는 납부불성실가산세가 대표적이다. 신고불성실가산세는 무신고 시에 20%, 과소신고 시에는 10%가 부과되고, 고의적인 부당무신고나 과소신고 시에는 40%가 적용된다. 거기에 더하여 지연납부에 따른 납부불성실가산세로 연리 10.95%의 연체이자를 내야 하니, 자칫 잘못하다가는 배보다 배꼽이 더 커지는 결과를 빚으니 정말 주의해야 한다.

예를 들어, 한 사업자가 고의로 매출을 누락하여 소득세를 500만 원 적게 신고 납부한 사실이 4년 뒤에 적발되었다고 하자[1]. 그러면 신고불성실가산세 200만 원500만 원 × 40%과 납부불성실가산세 219만 원500만 원 × 10.95% × 4년을 합해 합계 419만 원의 가산세를 함께 물어야 한다.

홈텍스를 이용하자

이 시대를 일컬어 정보화시대를 넘어 스마트시대라고 한다. 정보통신기술의 발전으로 우리 생활이 통째로 바뀌고 있다고 해도 과언이 아니다. 세무 또한 정보통신기술의 도움으로 엄청난 변화를 겪고 있다.

과거에는 납세자 대부분이 세무신고서를 문서로 작성하여 직접 세무서를 방문하거나 우편으로 제출하여야 했다. 또 세금을 납부하기 위해 납부서 또는 고지서를 가지고 은행 등 금융기관을 방문해야 했다. 자연히 세금신고기간에 세무서에는 많은 사람들로 붐빌 수밖에 없고, 요즘같이 교통난, 주차난 등이 심각한 상황에서는 납세자에게 엄청난 불편

[1] 국가의 국세징수권의 소멸시효는 5년(5억 원 이상의 국세는 10년)이므로, 그 이전에는 언제든지 세무조사를 할 수 있고, 알게 된 세금을 추징할 수 있다.

을 초래할 뿐 아니라 시간과 비용 측면에서도 막대한 사회적 비용을 수반하여야 했다.

이러한 불편을 해소하고 세무서나 은행을 직접 방문할 필요 없이 집이나 사무실에서 바로 세금문제를 해결하도록 국세청이 개발한 시스템이 바로 홈텍스Hometax로 URL은 http://www.hometax.go.kr이다. 홈텍스에 접속하면 〈그림 2-1〉과 같은 메인화면으로 연결되며, 여기서 각자 필요한 메뉴로 들어가면 된다.

홈텍스는 인터넷을 통해 세금을 신고·납부하고 민원증명을 발급받으며 본인의 세무정보를 실시간으로 확인할 수 있는 인터넷국세종합서비스의 명칭이다.

국세청의 홈텍스서비스는 2002년 4월부터 계속 업그레이드되면서 제공되고 있다. 이제 복잡하거나 전문적이지 않은 세금문제는 집에서 해결할 수 있으니 납세자 또한 정보화시대의 덕을 톡톡히 누리는 셈이다.

세무전문가의 도움을 받자

세금문제는 법률적 판단, 회계적 판단 등이 필요한 매우 복잡한 문제이다. 매년 세법이 개정되고 있어 그 내용을 따라간다는 것도 만만찮은 일이다. 따라서 세무전문가의 도움을 받는 것이 잘못 판단할 위험을 최소화하는 현명한 선택이라 할 수 있다.

세무전문가에는 공인회계사와 세무사가 있다. 공인회계사는 회계감사와 세무업무를 주로 수행하며, 세무사는 세무업무를 주로 수행하는 전문가이다. 세무전문가는 세무대행은 물론 세무신고를 위한 장부기장, 세금과 관련한 민원 등을 처리해 준다. 특히 일정 규모 이상의 사업소득이나 법인세신고를 하는 경우에 반드시 공인회계사나 세무사의 세무조

그림 2-1_홈텍스 메인화면

정계산서[2]를 첨부하도록 하고 있다.

[2] 기업에서 일반적으로 처리하는 회계장부 내용과 세법에서 인정하는 회계에는 약간의 차이가 존재한다. 회계장부의 내용을 세법에 맞추어 조정하는 일을 세무조정이라고 한다. 상세한 내용은 뒤에 설명할 것이다.

DAY

3

소비자가 부담하는 **부가가치세**

앞에서 본 바와 같이 세금은 무려 24가지 종류가 있지만, 이 책에서는 주로 사업자들이 기본적으로 접하게 되는 부가가치세, 소득세법인세와 세금신고에 따른 장부기장 문제를 다루도록 한다. 일반적으로 사업자는 사업으로 돈을 벌어야 세금을 내는 것으로 생각하는데, 돈을 버는 것과는 관계없이 늘 관계되는 세금이 있다. 부가가치세가 바로 그것이다.

사실 부가가치세는 우리가 일상적으로 접하게 되는 세금이다. 가게에서 음료수를 한 병 사 마셔도 부담하고, 음식점에서 식사를 해도 늘 부담하는 세금이 부가가치세임을 영수증을 살펴보면 금방 알 수 있다.

그렇다. 부가가치세를 우리가 어떤 상품이나 서비스를 소비할 때 부담하는 세금으로, 일종의 소비세에 해당한다. 그러므로 부가가치세는 소비자가 부담하는 세금인 것이다. 그럼에도 불구하고 왜 사업자가 부가가치세를 고민해야 하는 것일까? 그것은 부가가치세를 소비자가 직접 세무서에 납부하는 것이 아니라, 사업자의 중간역할을 통해 납부되기 때문이다.

즉, 부가가치세는 최종적으로 소비자가 부담하는 세금이지만, 상품이나 서비스가 생산되어 소비되기까지의 단계에 있는 사업자들이 징수하여 납부하는 시스템으로 운영되기 때문에 실질적으로 사업자의 역할이 매우 중요한 세금이다. 사업자가 처음 사업을 시작하면서 세무서에 신고하는 사업자등록은 바로 부가가치세법에 따른 절차이다.

사업자등록

자본주의 시장경제를 기반으로 하는 우리나라에서 어떤 형태의 사업이든 누구나 자유롭게 시작하고 자유롭게 그만둘 수 있다. 그러나 사회적 필요에 따라 관련 관청의 허가를 받거나 신고를 하도록 규제하기도 한다. 규제의 내용은 사업의 내용에 따라 다르지만 공통적인 것은 관할

세무서에 사업자등록을 해야 한다는 것이다. 그래야만 합법적인 영업활동을 할 수 있다.

부가가치세법에 따르면 영리목적의 유무에 불고하고 사업상 독립적으로 재화 또는 용역을 공급하는 자를 사업자라 하고 부가가치세를 납부할 의무를 부여하고 있다. 사업자등록이란 납세의무자에 해당하는 사업자를 정부세무서의 대장에 수록하는 것을 말하는데, 신규로 사업을 개시하는 자는 사업장마다 사업개시일로부터 20일 내에 일정한 서류를 첨부한 사업자등록신청서를 관할세무서장에게 제출하여야 한다.

다만, 신규로 사업을 개시하고자 하는 자는 사업개시일 전이라도 등록할 수 있다. 자칫하면 사업자등록 이전에 구입한 집기·비품·차량 등에 대한 세금혜택부가가치세 공제을 받지 못할 위험성이 있으므로, 가능하면 사업개시일 이전에 사업자등록을 하는 것이 좋다.[3] 만일 공인회계사, 의사, 변호사 등과 같이 면허가 필요하거나 건설업과 같이 허가가 필요한 사업인 경우에는 사업자등록 이전에 그 절차를 마쳐야 한다.

사업자가 등록하지 아니한 경우에는 관할세무서장이 조사하여 직권으로 등록시킬 수 있으며, 사업개시 전 등록신청을 받은 세무서장은 신청자가 사업을 사실상 개시하지 아니할 것이라고 인정되는 때에는 등록을 거부할 수도 있다. 이러한 사업자등록의무를 이행하지 않을 시엔 부가가치세법상 미등록가산세가 부과되며, 기타 세액공제 등의 혜택을 받을 수 없다.

부가가치세법상의 사업자는 일반과세자와 간이과세자로 구분되며, 〈표 2-3〉과 같이 다르게 취급된다.

일반과세자와 간이과세자 유형이 처음의 등록으로 불변하는 것이 아니

[3] 부가가치세법에서 사업자가 사업용 집기, 비품, 차량 등을 구입하면서 부담하는 부가가치세액은 사업자가 신고 납부하여야 할 부가가치세에서 공제받게 된다. 이를 매입세액공제라고 한다.

표 2-3_ 일반과세자와 간이과세자

구 분		일반과세자	간이과세자
적용대상		• 모든 법인사업자 • 개인사업자 중 간이과세자 대상이 아닌 사업자	재화와 용역의 공급대가가 연 8,000만 원 미만의 개인사업자 (부동산임대업과 과세유흥업은 연 4,800만 원 미만)
세액계산	매출세액	과세표준(공급가액) × 10%	과세표준(공급대가) × 업종별부가가치율 × 10% * 공급대가=공급가액+부가가치세
	매입세액 (공제)	매입세액 전액	교부받은 세금계산서의 공급대가 × 0.5%
거래증빙		• 세금계산서 발급	• 원칙: 세금계산서 발급 • 예외: 영수증 발급(연매출 4,800만 원 미만 등)

고, 국세청은 매년 7월 1일 정기적으로 개인사업자들의 부가가치세 과세 유형을 전환시키고 있다. 연간 매출액 8,000만 원을 기준으로 그 이상인 경우는 일반과세자로, 그 미만은 간이과세자로 사업자 유형이 정해진다.

한편, 연간 매출수입금액이 8,000만 원 미만이 되더라도 조세정책상 반드시 일반과세자로 등록하여야 하는 업종이 있다. 광업, 제조업, 도매업, 부동산매매업, 변호사, 공인회계사, 세무사 등이 그러하고, 국세청장은 지역을 고려하여 따로 정한 기준이 있다. 예컨대, 서울이나 부산 등에서 골프연습장이나 주유소를 운영하는 경우 등이다.

부가가치세 신고납부

일반과세자에 대해서는 1년을 1기와 2기로 나누어 6개월을 과세기간으로 한다. 법인의 경우 1년에 예정 신고 납부 2회와 확정 신고 납부 2

회, 총 4회 신고 납부하여야 하지만, 개인은 1년에 2회 확정 신고 납부한다. 개인사업자의 경우 예정 신고는 없고, 세무서의 예정 고지에 따라 납부하면 된다.

한편, 간이과세자에 대해서는 1년을 과세기간으로 한다. 세금계산서를 발급한 간이과세자는 예정신고와 확정신고 각 1회 신고 납부하며, 그렇지 않은 간이과세자는 다음 해 1월에 1년간의 거래내용에 따라 확정신고 납부하면 된다. 간이과세자 중 연매출 4,800만 원 미만인 영세사업자의 경우에는 부가가치세 신고만 하고 납부가 면제된다.

간혹 부가가치세를 많이 낸다고 투덜대는 사업자들이 있는데, 이는 부가가치세를 잘못 이해한 것이다. 부가가치세는 사업자가 부담하는 세금이 아니라 궁극적으로 최종소비자가 부담하는 세금이므로, 부가가치세를 많이 낸다는 것은 그만큼 판매실적이 좋다는 얘기다. 한마디로 부가가치세는 걱정할 필요가 없는 세금인 것이다.

부가가치세value-added tax; VAT는 말 그대로 부가가치에 부과되는 세금인데, 부가가치란 제품 판매가액에서 원자재 매입가액을 차감한 가치로서 원자재에 부가된 가치의 개념이다. 실제 부가가치세는 가격공급가액에 부

표 2-4_부가가치세 신고 납부 시기

사업자구분		과세기간		예정신고(고지)	확정신고
일반과세자	법인	1기 2기	1.1 - 6.30 7.1 - 12.31	4. 25 10. 25	7. 25 1.25
	개인	1기 2기	1.1 - 6.30 7.1 - 12.31	(4. 25) (10. 25)	7. 25 1.25
간이과세자	개인	1.1 – 12. 31		7. 25* (7. 25)	1. 25

* 세금계산서를 발급한 간이과세자는 예정신고를 하여야 하며, 그렇지 않으면 예정고지에 따라 납부하면 된다.

가가치세율10%을 곱한 금액을 부담하게 된다. 예컨대, 한 소비자가 컴퓨터매장소매상에서 컴퓨터를 200만 원에 구입한다면 부가가치세10%는 20만 원을 부담하게 된다. 이 때 부가가치세 20만 원의 계산 및 부담구조가 어떻게 되는지를 추적해 보자. 컴퓨터의 공급경로가 제조공장에서 도매상, 소매상을 거쳐 소비자에게 판매된다고 하면 〈그림 2-2〉와 같이 그릴 수 있다.

그림 2-2_ 거래과정(예시)

이 과정에서 보면 컴퓨터의 부가가치는 최종 소비자 판매가격 200만 원에서 처음 투입한 원자재가치 50만 원을 차감한 150만 원이다. 그러나 엄격히 따져보면, 제조공장에서 투입하는 원자재 50만 원 또한 그 앞 단계로 계속 추적해 가면 원초의 순수한 물질가치는 미미하고, 그 과정에서 부가가치가 창출된다는 것을 짐작할 수 있다. 그러므로 실제 부가가치를 정확히 계산하기 매우 어렵기 때문에, 세법에서는 이러한 점을 감안해 최종 판매가격200만 원을 총부가가치로 본다. 따라서 마지막으로 부가가치를 향유하는 소비자가 부담할 부가가치세는 그 부가가치의 10%세율인 20만 원이 된다.

그러면 세무서는 부가가치세를 어떻게 징수하는 것일까? 모든 소비자를 일일이 따라 다니면서 세금을 징수할 수 없으므로 사업자인 판매자에게 그 세금을 대신 징수할 책임을 지우고 있다. 그런 의미에서 부가가치세는 세금을 납부하는 납세자와 궁극적으로 세금을 부담하는 담세자가 분리되는 간접세이다.

❶ 제조공장은 컴퓨터를 100만 원에 매출하면서 도매상으로부터 10만 원의 부가가치세를 받아 보관하기 위해 110만 원을 받는다.

→

❷ 도매상은 매입할 때 10만 원의 부가가치세를 부담하고, 150만 원에 매출하면서 소매상으로부터 15만 원의 부가가치세를 받아 보관하기 위해 165만 원을 받는다.

→

❸ 소매상은 매입할 때 15만 원의 부가가치세를 부담하고, 200만 원에 매출하면서 소비자로부터 20만 원의 부가가치세를 받아 보관하기 위해 220만 원을 받는다.

▲ 그림 2-3_ 거래과정과 부가가치세(예시)

세금을 징수하는 과정은 다소 복잡한데, 우선 위의 예를 〈그림 2-3〉으로 거래과정별로 추적해 보자원자재 공급업체와 제조공장 간의 거래는 생략.

이때 사업자가 매출하면서 받아두는 부가가치세를 '매출세액'이라고 하고, 매입하면서 대신 내는 부가가치세를 '매입세액'이라고 한다. 그러면 위의 거래과정 중 부가가치세를 내고 받은 내역을 정리해 보자.

제조공장	-	매출세액 10만 원
도 매 상	매입세액 10만 원	매출세액 15만 원
소 매 상	매입세액 15만 원	매출세액 20만 원

부가가치세는 최종소비자가 부담하는 세금이므로 제조공장이나 도매상, 소매상 등의 사업자는 부담하지 않는다. 즉, 매출세액은 세무서 대신 받아 보관하고 있는 것이고, 매입세액은 최종소비자가 부담할 부분을 대신해 미리 낸 것이다.[❖4] 그렇다면 제조공장, 도매상, 소매상은 대신 받아둔 매출세액에서 대신 낸 매입세액을 차감한 금액만 세무서에 납부하면 된다. 위의 예에서 제조공장, 도매상, 소매상이 각각 세무서에 납부하여야 할 세금은 다음과 같다.

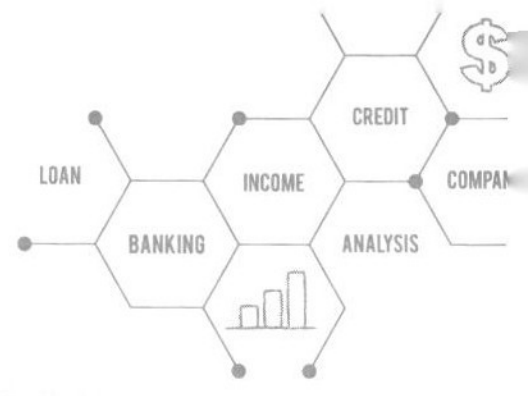

	매출세액	-	매입세액	=	납부세액
제조공장	100,000	-	0	=	100,000
도 매 상	150,000	-	100,000	=	50,000
소 매 상	200,000	-	150,000	=	50,000

결국 최종소비자가 컴퓨터를 200만 원에 구입하면서 부담할 부가가치세 20만 원을 제조공장이 10만 원, 도매상이 5만 원, 소매상이 5만 원을 각각 납부하는 셈이 된다. 이렇게 사업자가 세무서에 신고·납부하는 부가가치세는 결코 사업자 스스로가 부담하는 것이 아니고 최종소비자가 부담하는 점은 분명한 셈이다.

이러한 과정은 각 사업자가 세금계산서를 주고받으면서 명확하게 추적된다. 일반과세자와 일정 규모의 간이과세자는 의무적으로 세금계산서를 발행하여야 하지만 영세 간이과세자와 음식점 등의 특정 업종은 그러하지 않다. 세금계산서가 발행되지 않는 거래는 사실 추적이 어려워 세금탈루가 되더라도 추적이 어렵다. 따라서 정부는 정식 세금계산서가 아니더라도 신용카드나 현금영수증을 사용하게 하여 거래가 누락되지 않도록 하고, 그에 따른 적절한 보상세액공제을 하고 있는 것이다.

마트에서 물건을 사거나 음식점에서 식사를 한 뒤 영수증을 받아보

❖4 기업들은 회계처리할 때 매출세액은 부가세예수금계정(부채)으로, 매입세액은 부가세대급금계정(자산)으로 처리한다. 예컨대 본문의 예에서 도매상의 경우 다음과 같이 회계처리한다.

<매 입시>

(차변) 매 입	1,000,000	(대변) 현 금	1,100,000
부가세대급금	100,000		

<매출 시>

(차변) 현 금	1,650,000	(대변) 매 출	1,500,000
		부가세예수금	150,000

면, 대부분 거래금액과 세금부가가치세이 별도로 표시되어 있는 것을 볼 수 있다. 이로써 소비자로서 우리는 일상적 소비생활에서 꼬박꼬박 세금을 내고 있고, 사업자는 단지 그 세금을 모아서 세무서에 납부해 줄뿐이라는 사실을 알 수 있다.

부가가치세 영세율과 면세

부가가치세에는 영세율과 면세가 있다. 기본세율10%을 적용받는 사업자를 일반과세사업자, 일반과세를 간소화한 간이과세사업자, 영세율을 적용받는 사업자를 영세율사업자, 부가가치세 납세의무가 없는 사업자를 면세사업자라고 한다. 각 사업자의 부가가치세 산출구조를 비교하면 〈표 2-5〉와 같다.

표 2-5_사업자 유형별 차이

구 분	일반과세	간이과세	영세율	면세
매출세액	공급가액×10%	공급대가×업종별부가가치율×10%	공급가액×0%	공급가액×0%
매입세액	공급받은 가액×10%	공급대가 × 0.5%	공급받은 가액 ×10%	매입세액 불공제
납부(환급) 세액	납부(환급)세액	납부세액 (환급 없음)	환급세액	신고납부 의무 없음

영세율은 부가가치세율을 0으로 하는 것을 말하며, 원래 국제간 거래에 있어 수출국에서 부가가치세를 부과하고 수입국에서도 또 부과할 경우, 이중과세가 되는 문제점을 해소하기 위하여 생산수출국에서는 부가가치세를 완전히 면제하는 방식으로 고안되었다. 즉, 재화의 공급이 수출에 해당하면 그 재화의 공급에 대하여 영세율을 적용하고, 용역에 대

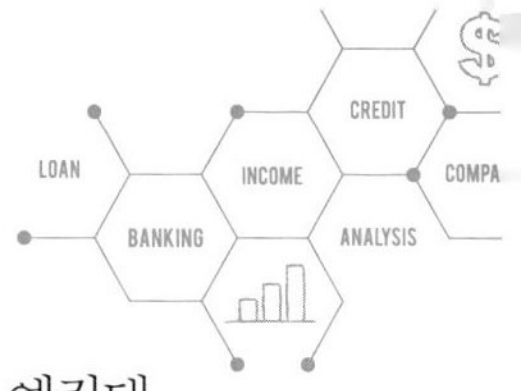

하여는 국외에서 공급하는 용역에 대하여 영세율을 적용한다. 예컨대 해외에서 수행하는 건설공사의 경우 영세율을 적용받게 된다.

면세는 영세율과 달리 아예 부가가치세 신고납부 의무가 없는 것으로 매입세액 또한 공제받지 않는 것으로 국민의 세부담 완화 등의 목적으로 기초생활 필수재화·용역 등 특정의 재화에 용역에 대하여 적용한다. 면세대상은 부가가치세법과 조세특례제한법에 규정하고 있는데, 예를 들면 미가공식료품, 수돗물, 연탄, 여객운송 등 기초생활필수품과 의약사의 의료보건용역, 학원 등의 교육용역, 도서·신문·예술행사 등의 문화관련 재화와 용역 등이 면세사업이다.

전자세금계산서

2010년부터 전자세금계산서 제도를 도입하였다. 전자세금계산서 제도란 사업자가 전자적 방법에 의해 세금계산서를 발행, 교부하고 국세청에 전송하는 것을 말한다. 이 제도는 인터넷 이용률 증가 등 사회적 환경이 성숙되어 종이세금계산서 사용에 따른 비용을 줄이기 위해 도입한 것이다.

모든 법인사업자와 연 3억 원 이상 매출하는 개인사업자는 전자세금계산서를 발급하여야 한다부가가치세법 제32조, 동법시행령 제68조. 현실적으로 3억 원 미만의 개인사업자도 그 편의성 등으로 전자세금계산서의 발급을 많이 활용하고 있다.

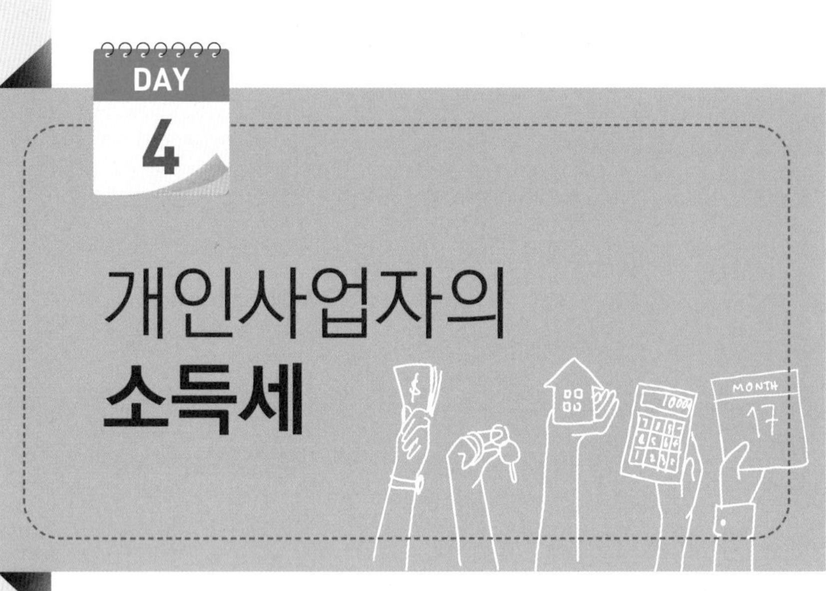

DAY 4

개인사업자의 소득세

"소득이 있는 곳에 세금이 있다."

사업을 통해 벌어들인 돈에 대해서는 어김없이 세금이 부과된다. 마치 "재주는 곰이 하고 돈은 누가 먹는 것" 같아 기분은 안 좋겠지만 100%의 세금은 없으니 세금 무서워 돈 안 벌 수는 없는 일 아닌가? 세금을 많이 낸다는 것은 그만큼 돈을 많이 번다는 것의 또 다른 표현이라는 것으로 위로받을 수 있을 것이다.

다양한 세금이 존재하지만 세금의 가장 주 원천은 소득에 있다. 즉, 돈을 버는 사람은 그에 상당하는 세금을 부담하게 한다는 것이다. 개인이 소득을 기준으로 부담하는 세금을 '소득세所得稅'라고 하고, 법인이 소득에 따라 부담하는 세금은 특별히 '법인세法人稅'라고 한다. 각각 별도의 소득세법과 법인세법으로 규정하고 있다. 따라서 개인사업자는 소득세법, 법인사업자는 법인세법에 따라 세금을 부담하게 된다.

소득세든 법인세든 소득에 대하여 부과하는 세금이니만큼 기본적인 구조는 마찬가지이지만, 개인사업자는 개인생활과 분리되지 않는다는 점을 고려하고, 법인사업자는 규모가 있는 기업이라는 점을 감안한 조세정책이 반영된다. 여기서는 우선 개인사업자를 전제로 한 소득세를 다루고, 법인사업자의 법인세는 다음II-5일에 다룬다.

소득세법상 소득은 〈표 2-6〉과 같이 다양하게 분류되고, 소득의 종류에 따라 부과방식이 다르다.

여기서 다루는 것은 개인사업자의 사업소득에 대하여 부과되는 사업소득에 대한 것이다. 일단 사업소득을 별도로 계산하지만, 사업자의 근로소득이 있거나, 일정금액 이상의 금융소득, 연금소득, 기타소득이 있을 때는 최종적으로 종합소득세를 계산하여 납부한다. 이하 사업소득에 한정하여 설명하기로 한다.

표 2-6_소득별 세금부과 방법

구분	과세방법	소득
종합과세	소득의 종류에 관계없이 과세기간별로 모든 소득을 합산하여 과세	근로소득 사업소득 이자소득* 배당소득* 연금소득* 기타소득*
분리과세	다른 소득과 합산하지 않고 소득을 지급할 때 소득을 지급하는 자가 소득세를 원천징수함으로써 과세를 종결	일용근로자의 근로소득 이자소득* 배당소득* 연금소득* 기타소득*
분류과세	소득별로 분류하여 과세	퇴직소득 양도소득

*일정 금액 이상인 경우 종합과세로 하며, 일정 금액 미만인 경우 분리과세로 끝나는 소득이다(소득세법 제14조3항). 금융소득(이자소득 + 배당소득): 2,000만 원 초과 시 종합과세. 비공적연금소득: 1,200만 원 초과 시 종합과세. 기타소득: 300만 원 초과 시 종합과세(총수입액이 아니고 필요경비를 차감한 소득임에 주의할 것. 기타소득의 필요경비는 대체로 80%로 의제된다(소득세법시행령 제87조).

기업회계와 세무회계의 차이조정: 세무조정

개인사업자의 소득에 대한 과세는 1년(1월 1일 ~ 12월 31일)을 기준으로 한다. 소득세 계산의 기준이 되는 개인사업자의 1년 소득은 회계절차에 따라 1년 동안의 수익과 비용의 차액인 당기순이익이 되며, 해당 사업체의 손익계산서로 작성된다.

당기순이익 = 수익 - 비용

사업소득세는 사업으로 번 돈에 대하여 세금을 부과하므로, 회계절

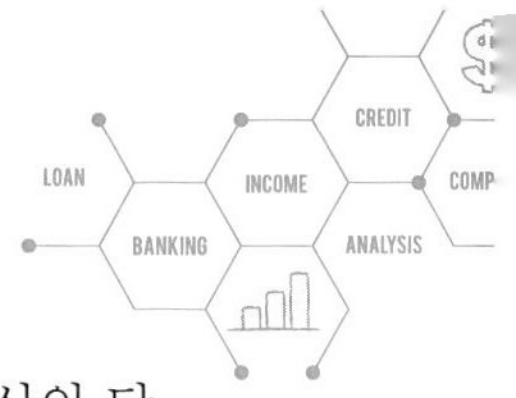

차에 따라 기업이 최종적으로 번 돈으로 계산되는 손익계산서 상의 당기순이익을 기준으로 바로 세금을 부과하는 것으로 생각할 수 있다. 그런데 그렇게 단순하지 않는다는 점에 유의할 필요가 있다.

회계기준에 따라 기업의 재무상태와 경영성과를 알려주는 회계이러한 회계를 다음에 말하는 세무회계와 구분하기 위해서 특별히 '기업회계'라고 부른다에서의 이익과 세금을 내는 기준을 계산하는 회계이러한 회계를 특별히 '세무회계'라고 부른다에서의 이익세무회계에서는 이익을 '소득'으로 표현한다이 다르게 계산된다는 점이다.

기업회계의 이익과 세무회계의 이익소득이 다른 이유는 무엇일까? 그 이유는 기업회계의 목적과 세무회계의 목적이 다르기 때문이다. 기업회계는 기업의 모든 이해관계자들이 기업에 대해 적절히 판단할 수 있도록 기업의 재무상태나 경영성과를 제대로 공시하는 데 그 목적이 있는 한편, 세무회계는 정부의 조세확보라는 관점에서 세법규정에 맞춰 기업의 재무상태나 경영성과를 세무당국에 보고하는 데 그 목적이 있다. 두 회계에서 쓰는 용어도 약간의 차이가 있다.

기업회계에서는 수익에서 비용을 차감하여 당기순이익을 계산하지만, 세무회계에서 소득은 총수입금액에서 필요경비를 차감하여 계산한다. 용어의 차이만큼이나 그 계산도 차이가 있다.

| 기업회계 | 당기순이익 = 수익 - 비용

| 세무회계 | 소득 = 총수입금액 - 필요경비

이처럼 목적에 따라 이익소득의 계산이 달라지는 데는 충분한 이유가 있다. 예컨대 세금을 결정하기 위한 이익을 계산할 때 비용을 무한히 인정해 주면 이익이 적게 계산되어 세금도 적게 걷힐 수밖에 없다. 따라서 목표한대로 세원을 확보하기 위해서는 비용처리를 과도하게 인정해 주지 않을 필요가 있는 것이다.

기업회계에서는 당연히 비용으로 처리되는 반면 세무회계에서 필요경비로 인정하지 않는 항목을 '필요경비불산입항목'이라고 한다. 필요경비불산입항목은 소득세법 제33조에 구체적으로 열거 규정하고 있는데, 대표적인 항목을 보면 다음과 같은 것들이다.

- 소득세와 지방소득세
- 조세관련 법령위반 등으로 부담해야 하는 가산세, 체납처분비 등
- 사업이 아니라 가사家事에 들어간 경비
- 세법에서 정하는 금액을 초과하여 계산한 감가상각비
- 채권자가 불분명한 차입금에 대한 이자
- 업무와 관련 없이 지출된 경비
- 타인에 대한 손해배상금

대표적인 항목들을 열거하였는데, 이러한 항목들도 기업회계에서는 당연히 비용으로 처리되지만, 정부조세당국의 입장에서는 비용으로 인정해주지 않는 항목들이다. 한편, 소득세법 제33조의 첫 항목으로 '소득세와 개인지방소득세'를 열거하는데, 세금이니까 사업자 입장에서는 당연히 사업을 하면서 부담하는 비용으로 생각되지만, 소득세는 모든 비용을 차감하고 벌어들인 소득에서 처분되는 것이지 비용이 아니라는 것이 세법의 입장이다.

어떻든 사업자로서는 평상시 기업회계의 체계를 유지하다가 세무신고를 할 때는 세법에 맞도록 조정·신고해야 하는데, 〈표 2-7〉과 같이 기업회계와 세무회계의 차이를 조정해 세금을 계산하는 절차를 '세무조정稅務調整'이라고 한다. 세무조정사항은 네 가지 유형을 생각할 수 있지만 대체로 필요경비불산입항목이 많다.

표 2-7_ 세무조정

소 득 = 기업회계상의 당기순이익

+ 총수입금액산입·필요경비불산입

– 총수입금액불산입·필요경비산입

[사례]

개인사업자 홍길동의 지난해 결산에 의한 당기순이익은 1억 5,000만 원이었다. 그런데 세무서에 소득세 신고를 위해 살펴보니 회계상 비용으로 처리하였지만 세법상 필요경비로 인정되지 않는 금액이 2,000만 원 있었고, 회계상 수익으로 처리하지 않았는데 세법상 총수입금액으로 인정되는 금액이 500만 원 있었다. 홍길동의 세무상 사업소득은 얼마인가?

소 득 = 150,000,000 + 20,000,000 + 5,000,000 = 175,000,000

세무당국은 언제나 충분한 세원을 확보하려고 노력하는 반면, 납세자는 가급적 세금을 줄일 목적으로 수익총수입금액은 적게 비용필요경비은 많이 보고하려는 경향이 있다. 간혹 탈세 문제가 불거지면 대개 매출 누락의 문제가 언급되는데, 많은 경우 영수증을 제대로 주고받지 않는 거래 관행으로 매출액이 엉성하게 신고되는 것이 현실이다.

현재 시행되고 있는 신용카드 사용액이나 현금영수증 수취금액에 대한 일정액을 세금계산에서 공제해 주는 것은 한편으로 사업자의 매출누락을 막아 세원을 양성화하려는 세무당국의 정책이라고 할 수 있다.

한편, 비용의 경우에도 기업으로서는 될 수 있는 대로 많은 비용을 계상하여 과세대상이익, 즉 소득을 줄이려고 하겠지만, 세법에서는 세원확보를 위해 비용, 즉 필요경비의 계산을 엄격히 제한하고 있다.

사업소득과 종합소득세 계산

소득세법에 의한 소득은 종합소득과 퇴직소득, 양도소득으로 분류된다. 사업소득은 다른 여러 종합소득 대상 소득과 함께 종합소득으로 계산하여, 매년 5월에 지난 해의 종합소득세를 계산하여 신고 납부하게 된다.

종합소득 = 사업소득
+ 근로소득
+ (2,000만 원 초과) 이자소득·배당소득
+ (1,200만 원 초과) 연금소득
+ (300만 원 초과) 기타소득

따라서 개인사업자가 부담할 소득세의 계산과정을 요약하면 아래의 〈표 2-8〉과 같다.

먼저 사업소득은 총수입금액에서 필요경비를 차감하여 계산하는데, 회계상 당기순이익과 일치하지 않는다는 것은 앞에서 설명한 바와 같다. 사업소득은 다른 여러 소득과 합산하여 세금을 계산하는 종합소득에 속하므로 다른 대상 소득이 있다면 합하여 과세대상이 되는 종합소득을 계산한다. 여기에서 가족 부양의무 등을 감안하기 위해 일정금액을 차감해 주는데 이를 소득공제라고 하며, 이렇게 계산된 금액을 세금

표 2-8_종합소득세 계산과정

사업소득	=	총수입금액 - 필요경비
종합소득	=	사업소득금액 + 다른 종합소득금액
과세표준	=	종합소득금액 - 각종 소득공제
산출세액	=	과세표준 × 세율
결정세액	=	산출세액 - 세액공제

표 2-9_소득세율

과세표준	소득세율
1,200만 원 이하	6%
1,200만 원 초과 4,600만 원 이하	15%
4,600만 원 초과 8,800만 원 이하	24%
8,800만 원 초과 1억5천만 원 이하	35%
1억 5천만 원 초과 3억 원 이하	38%
3억 원 초과 5억 원 이하	40%
5억 원 초과 10억 원 이하	42%
10억 원 초과	45%

주) 소득세법 제55조, 2022년 현재

계산의 기준이 되는 '과세표준'으로 삼는다. 바로 이 과세표준에 세율을 곱해 납부할 세금을 계산한다.

소득세율은 〈표 2-9〉와 같이 누진세율로 되어 있으며, 실제 세금을 납부할 때는 이 소득세의 10%에 해당하는 지방소득세를 같이 별도로 납부한다.

이렇게 계산된 소득세산출세액이라고 한다에서 세액공제액을 차감하면 비로소 납부할 최종 종합소득세결정세액이라고 한다가 된다. 세액공제란 산출된 세액에서 개인적으로 부담한 의료비, 교육비, 보험료 등의 일정액을 차감해 주는 금액을 말한다.

[사례]

앞의 사례에 이어, 개인기업을 운영하는 홍길동 사장이 종합소득세 신고·납부를 위한 준비를 하였다. 지난해 결산 결과는 회계상 당기순이익은 1억 5,000만 원이었지만 세무조정결과 사업소득은 1억 7,500만 원이었다. 홍길동의 사업소득 외 종합소득 신고 대상 기타소득이 1,200만 원이고, 세법상 소득에서 공제되는 금액소득공제이 1,500만 원, 세액공제가 300만 원이다. 그렇다면 종합소득세는 얼마인가?

사업소득	175,000000
종합소득	175,000,000 + 12,000,000 = 187,000,000
과세표준	187,000,000 - 15,000,000 = 172,000,000
산출세액	(12,000,000 × 6%) + (34,000,000 × 15%) + (42,000,000 × 24%) + (62,000,000 × 35%) + (22,000,000 × 38%) = 45,960,000
결정세액 (종합소득세)	45,960,000 - 3,000,000 = 42,960,000

어떻든 사업자에게 세금은 부담스러울 수밖에 없다. 어느 누구도 기끼이 세금을 부담하려 하지 않는 것이 현실이다. 때문에 자칫 탈세의 유혹에 흔들릴 수 있으나, 세금을 많이 낸다는 것은 결국 그만큼 이익이 많다는 의미이므로 기꺼이 내겠다는 마음가짐이 필요하다. 다만, 낼 필요가 없는 세금을 낸다든가 적게 내어도 되는 세금을 많이 내는 일이 있어서는 안 된다. 즉, 합법적인 범위 안에서 각종 정책을 잘 활용해서 최소한의 세금을 부담하는 절세전략이 필요하다.

사업소득의 손실발생과 이월결손금

사업을 하다 보면 언제나 이익이 나는 것이 아니고 때로는 손실이 나는 경우도 있다. 원칙적으로 소득세는 소득이 있어야 세금을 부과하므로, 손실이 나면 세금은 없다. 그뿐만이 아니라 한 해에 발생한 손실은 다음 해로 이월되면서'이월결손금'이라고 한다, 과세기간 이후 15년 동안 소득에서 공제하여 세금을 줄여 준다소득세법 제45조. 이월결손금의 소득공제는 다음에 설명할 법인세에서도 마찬가지로 적용된다.

조정계산서와 성실신고확인서

사업자는 대부분 회계장부를 기록하며, 사업소득은 회계처리에 의한 당기순이익을 기초로 하여 세법에 따른 세무조정을 거쳐 세금신고를 하게 된다. 이러한 세무조정의 내용은 소득세법제70조에서 정한 조정계산서로 첨부한다. 특히, 〈표 2-10〉과 같은 일정 규모 이상의 사업자는 반드시 공인회계사나 세무사가 작성한 조정계산서외부조정계산서를 첨부하도록 하고 있다.

한편, 소득세법제70조의2에서는 수입금액이 일정 규모 이상인 개인사업자가 종합소득세를 신고할 때 비치하고 기록한 장부와 증명서류에 의해 사업소득의 정확성 여부를 세무대리인공인회계사 또는 세무사에게 의무적으로 사전 확인받도록 하는 제도를 도입하고 있다. 이를 성실신고확인제도라고 한다.

〈표 2-10〉과 같은 성실신고확인대상 사업자는 다음 해 6월 30일까지 공인회계사나 세무사의 성실신고확인서를 첨부하여 종합소득세를 신고납부하여야 한다. 성실신고확인서에 대한 내용을 분석하여 불성실한 내용이 발견되면 납세자와 공인회계사·세무사에게 연대책임을 지운다.

표 2-10_ 외부조정 및 성실신고 대상 사업자

업종	외부조정 기준수입금액	성실신고확인 기준수입금액
도매 및 소매업, 부동산매매업, 농업·임업 및 어업, 광업 등	6억 원	20억 원
제조업, 숙박 및 음식점업, 운수업, 출판·영상·방송통신 및 정보서비스업, 금융 및 보험업, 건설업 등	3억 원	10억 원
부동산임대업, 부동산관련 서비스업, 교육서비스업, 보건업 및 사회복지서비스업, 예술·스포츠 및 여가 관련 서비스업 등	1억5천만 원	5억 원

DAY 5

법인사업자의 **법인세**

법인사업자의 소득세를 특별히 법인세라고 말하며, 이에 관한 사항은 법인세법으로 규정하고 있다. 법인은 개인사업자와 달리 비교적 규모도 크고 이해관계자가 많아 법률상 규제가 많을 뿐만 아니라, 기업세금의 주를 이루고 있어 매우 복잡하다. 법인세를 상세히 다루는 것은 이 책의 목적 범위를 벗어나므로, 여기서는 기본적인 구조만 다룬다.

법인세의 과세 대상이 되는 이익을 각사업년도소득, 회계상 수익을 익금, 회계상 비용을 손금이라고 하며, 개인사업자와 마찬가지로 당기순이익에서 출발하여 세무조정을 통해 계산한다.

| 기업회계 | 당기순이익 = 수익 - 비용

| 법인세회계 | 각사업년도소득 = 익금 - 손금

소득세에서 설명한 바와 같이, 회계상 수익과 법인세법상 익금이 반드시 일치하지 않으며, 회계상 비용도 법인세법상 손금과 반드시 일치하는 것은 아니다. 따라서 각사업년도소득은 〈표 2-11〉과 같이 회계상 당기순이익에서 출발하여 이 차이를 조정하는 세무조정을 통해 계산된다.

표 2-11_ 세무조정

각 사업년도 소득 = 기업회계상의 당기순이익
+ 익금산입·손금불산입
– 익금불산입·손금산입

소득세 세무조정에서와 마찬가지로 세금조정 사항이 네 가지 있지만 주로 손금불산입항목이 문제가 된다. 법인세법 제19조에서 제28조에 걸쳐 손금불산입항목을 상세히 규정하고 있다. 대표적 내용을 열거하면 다음과 같으며, 성격상 소득세 필요경비불산입항목과 유사하다.

- 법인세 및 법인지방소득세
- 일정 한도채권잔액의 1%를 초과하는 대손상각비
- 법령위반으로 인한 벌금
- 징벌적 손해배상금
- 일정 한도를 초과하는 감가상각비
- 일정 한도를 초과하는 기부금과 접대비
- 업무무관 비용
- 채권자가 불분명한 지급이자

법인세의 계산과정은 〈표 2-12〉와 같다. 법인세 역시 계산과정에서 소득공제와 세액공제가 있으며, 정부의 각종 조세정책에 따라 매우 복잡한 내용으로 이루어져 있다.

법인세율은 소득세율과 달리 그 구간이 단순하며, 법인세율은 아래 〈표 2-13〉과 같다. 계산된 법인세의 10%를 지방소득세로 납부하는 것은 소득세와 동일하다.

법인의 경우 결산일로부터 3개월 내에 법인세를 신고 납부하여야 하는데, 대부분의 법인이 1월부터 12월까지를 사업연도로 하므로 다음 해의 3월 말일까지 신고 납부한다. 따라서 보통 3월에 법인세를 신고 납부한다.

법인은 회계장부를 기반으로 하여 세무조정계산서를 작성·첨부하여

표 2-12_ 법인세 계산과정

각사업년도소득	= 익금 - 손금
과세표준	= 각사업년도소득 - 소득공제
산출세액	= 과세표준 × 세율
결정세액	= 산출세액 - 세액공제

표 2-13_법인세율

과세표준	법인세율
2억 원 이하	10%
2억 원 초과 200억 원 이하	20%
200억 원 초과 3,000억 원 이하	22%
3,000억 원 초과	25%

주) 법인세법 제55조, 2022년 현재

신고하여야 한다법인세법 제60조. 직전 사업연도 수입이 70억 원 이상인 법인, 외부감사대상 법인 등 일정한 요건에 해당되는 법인외부세무조정대상 법인은 반드시 공인회계사나 세무사 등에 의해 작성된 세무조정계산서를 첨부하여야 한다. 또한 부동산임대업을 주된 사업으로 하는 등 일정한 요건의 법인은 공인회계사나 세무사의 성실신고확인서를 첨부하여 신고하여야 한다법인세법 제60조의2.

[사례]

㈜길동의 지난해 결산에 의한 당기순이익은 30억 원이었다. 세무조정사항을 검토한 결과 손금불산입금액이 2,500만 원이었고, 소득공제액은 3억 5천만 원, 세액공제액은 2억 원 이었다. ㈜길동이 납부하여야 할 법인세는 얼마인가?

각사업년도소득 = 당기순이익(3,000,000,000) + 손금불산입(25,000,000)
= 3,025,000,000(원)
과세표준 = 각사업년도소득(3,025,000,000) − 소득공제(350,000,000)
= 2,675,000,000(원)
산출세액 = (200,000,000 × 10%) + [(2,675,000,000 − 200,000,000) × 20%]
= 515,000,000(원)
결정세액 = 515,000,000 − 200,000,000
= 315,000,000(원)

최저한세

현행 세법은 여러 가지 사회·경제적 정책목적상 개별 세법과 조세특례제한법에서 각종 준비금의 손금산입, 소득공제, 비과세, 세액공제 및 세액감면 등을 해주고 있으며, 이에 따라 세금을 전혀 납부하지 않는 사업자도 발생할 수 있다. 하지만 이는 세부담의 형평성에 어긋나는 것이므로, 세법에서는 세금을 전혀 내지 않는 경우를 방지하기 위하여 최저한세제도를 두고 있다.

특히 법인기업이 특정 분야의 산업활동을 하여 세제상 감면혜택을 중복적으로 받게 되는 경우 등 감면내역을 종합적으로 묶어 중복 감면되는 범위를 줄이고, 일정수준 이상의 세금감면을 제한하는 제도가 최저한세제도이다조세특례제한법 제132조.

최저한세는 감면후 세액과 최저한세를 계산하여 부담액을 정한다다음의 ①, ②중 더 큰 금액. 최저한세율은 〈표 2-14〉와 같다.

① 조세감면 후 과세표준 × 법인세율 - 최저한세대상 세액공제·감면

② 조세감면을 적용받기 전 과세표준 × 최저한세율

표 2-14_ 최저한세율

구분		최저한세율
대기업	과세표준 1,000억 원 초과 부분	17%
	과세표준 100억 원 초과 1,000억 원 이하 부분	12%
	과세표준 100억 원 이하 부분	10%
중견기업		7~9%

주) 조세특례제한법 제132조, 2022년 현재

법인세에 적용되는 최저한세와 같은 취지에서 소득세에 대해서는 소득공제 종합한도를 적용조특법 132조의2하고, 양도소득세 및 증여세 감면의

종합한도를 적용한다조특법 133조.

[사례]

중소제조업인 ㈜길동의 지난 해 조세감면 전 과세표준은 30억 원이었고, 조세감면 후 과세표준은 20억 원이었다. ㈜길동이 납부하여야 하는 법인세는 얼마인가? 최저한세대상 세액공제액은 2억 원이다.

① (200,000,000×10%) + [(2,000,000,000−200,000,000)×20%] − 200,000,000
= 180,000,000(원)

② 3,000,000,000 × 7%
= 210,000,000(원)

따라서 ㈜길동은 ①과 ② 중 큰 금액인 210,000,000원을 납부하여야 한다.

DAY

6

장부기장과 세금신고

우리나라의 세금제도는 원칙적으로 신고납세제도이다. 즉, 납세자가 세금을 자진신고하고 납부하는 것이다. 일단 납세자의 신고 납부를 받아들이되, 만일 제대로 신고 납부하지 않는 경우, 세무당국이 직접 조사하여 부과하기도 한다. 물론 이때에는 성실하게 신고 납부하지 않은 데 대한 추가적 부담가산세을 지게 된다.

세법에서 권장하는 바는 모든 사업자가 복식부기 장부를 기장하고 이를 근거로 세금을 신고 납부하는 것이다. 즉, 거래를 하면서 발생한 증빙세금계산서, 영수증 등을 근거로 수익과 비용을 복식부기장부에 기록하고 이를 근거로 신고하는 것이다. 이익이 발생하면 그 이익에 따라 세금을 내고, 손실이 발생하면 그 손실이월결손금을 근거로 세금을 내지 않을 뿐만 아니라, 향후 15년 간 그 손실에 해당하는 만큼 세금혜택을 받게 된다. 이처럼 세금을 제대로 내기 위해 장부기장이 필요하지만, 억울한 세금을 내지 않기 위해서도 장부기장은 꼭 필요한 것이다.

대부분의 기업은 장부기장에 어려움이 없고 비록 소규모의 사업자일지라도 공인회계사나 세무사에게 장부기장을 대행시키므로 장부기장을 근거로 세금 신고하는 데는 별 문제가 없을 것이다. 세무당국은 법인에게는 당연히 복식부기장부 의무를 부과하지만, 개인사업자에게는 규모에 따라 간편장부라는 약식 장부로 또는 장부기장 없이 신고할 수 있도록 하고 있다. 소득세법상의 사업자의 업종 및 규모별 장부기장의무는 〈표 2-15〉와 같다소득세법 제160조.

간편장부

중소 개인사업자들의 장부기장 부담을 들어주어 장부기장을 장려하기 위해 장부의 양식을 대폭 간소화하여 최소한의 필요한 항목만 기록

표 2-15_ 개인사업자의 기장의무(연 매출액 기준)

업종	복식부기	간편장부	무기장/추계*	
			기준경비율	단순경비율
도소매업 등	3억 원 이상	3억 원 미만	6천만 원 이상	6천만 원 미만
제조, 음식업 등	1억 5천만 원 이상	1억 5천만 원 미만	3천 6백만 원 이상	3천 6백만 원 미만
서비스, 부동산 임대업 등	7천 5백만 원 이상	7천 5백만 원 미만	2천 4백만 원 이상	2천 4백만 원 미만

* 무기장신고 시에는 산출세액의 20%를 가산세로 부과하며, 전년도 매출 4,800만 원 미만의 영세사업자와 신규사업자에 대해서는 가산세를 부과하지 않는다(소득세법시행령 제132조제4항).

표 2-16_ 간편장부

날짜	거래내용	거래처	수입(매출)		비용(원가 관련 매입 포함)		고정자산증감 (매매)		비고
			금액	부가세	금액	부가세	금액	부가세	
1 / 4	여성용장갑	선경장갑	4,250	425					
	500개(현금)								
13	남성용장갑	청주상회			3,750	375			
	500개 매입								
	(외상)								
26	운송용차량	현대					14,000	1,400	
	구입(현금)	자동차							
31	급여지급	김갑동			2,700				
	(현금)	외 2명							
1월계			4,250	425	6,450	375	14,000	1,400	
2 / 1	어린이장갑	가나상회	1,500	150					
	500개(외상)								

하면 되는 간편장부를 고안하여 도입하였다. 국세청이 고안한 간편장부 양식과 기장예는 〈표 2-16〉과 같다.

무기장신고

간편장부까지 도입하였지만 장부기장이 모두 강제될 수 있는 것은 아니다. 무기장사업자에 대해서 세무당국은 매출액에 대하여 일정한 비율을 비용으로 인정하여 소득을 추정 계산하여 세금을 부과하는 추계과세推計課稅를 하면서, 산출세액의 20%에 해당하는 무기장가산세를 부과한다.

장부기장이 이루어지지 않아 추계과세를 하는 경우에 있어서도 일정 규모 이상의 사업자에 대해서는 주요경비인건비, 매입비용, 임차료는 증빙서류를 갖춘 비용만 인정하고 나머지 비용에 대하여 추정 계산하는 기준경비율을 적용하고, 그 미만의 영세 사업자에 대해서는 모든 비용을 매출에 대한 일정 비율로 추정하는 단순경비율을 적용하여 과세소득을 계산한다소득세법 제80조제3항 단서, 동시행령 제145조.

(1) 기준경비율에 의한 소득금액 계산방법

소득금액
= 수입금액 - 주요경비(매입비용 + 임차료 + 인건비) - (수입금액 × 기준경비율)

[사례]

엄마손식당은 지난해 매출액이 7천만 원이었고, 장부기장은 하지 않았다. 증빙이 갖춰진 주요경비 합계액은 3천만 원이었다. 기준경비율이 10%라고 가정하면 신고할 소득은 아래와 같이 계산된다.

소득 = 70,000,000 – 30,000,000 – (70,000,000 × 10%) = 33,000,000(원)

(2) 단순경비율에 의한 소득금액 계산방법

소득금액 = 수입금액 – (수입금액 × 단순경비율)

[사례]

이모식당은 지난해 매출액이 3천만 원이었고, 장부기장은 하지 않았다. 단순경비율을 80%라고 가정하면 신고할 소득은 아래와 같이 계산된다.

소득 = 30,000,000 – (30,000,000 × 80%) = 6,000,000(원)

기준경비율 및 단순경비율 적용대상자는 앞의 〈표 2-15〉에서와 같이 구분되며, 기준경비율과 단순경비율은 국세청이 매년 업계 상황 등을 고려하여 고시한다.

특별히 소규모사업자는 장부기장의 경우와 추계과세의 경우를 비교해 절세를 위해 어느 것이 더 유리한지 잘 판단해야 한다. 그러나 장부기장, 즉 회계의 목적이 절세만이 아니라는 점을 이해한다면 마땅히 거래와 관련된 모든 증빙을 잘 챙기고, 그것을 근거로 장부를 기록하는 것이 바람직하다.

무기장가산세

기업이 회계, 즉 장부기록을 하여야 하는 이유는 여러 가지이지만, 특히 소규모 사업자들이 현실적으로 생각하는 이유는 세무서에 세금신고

를 하는 데 필요하다는 것이다. 앞에서 설명한 바와 같이 세법은 모든 사업자에 대하여 기장의무를 부여하고 있다. 원칙적으로 복식부기에 의한 제대로 된 장부를 기록하는 것이 바람직하지만, 일정규모 이하의 소규모사업자에 대해서는 간편장부라는 간략한 방식의 장부를 기록할 수 있도록 하고, 영세사업자에 대해서는 그 조차도 기록하지 않고 수입의 일정한 비율을 비용으로 계산하여 신고할 수 있도록 하고 있다.

그럼에도 불구하고 장부기록에 의하지 않고 신고하는 경우에는 무기장가산세를 부과하게 된다. 다만 연매출액이 4,800만 원 미만인 소규모사업자와 신규사업자에 대해서는 기장을 하지 않고 단순경비율이나 기준경비율 등 추계신고를 하더라도 무기장가산세를 부과하지 않는다.

DAY 7

WRAP UP

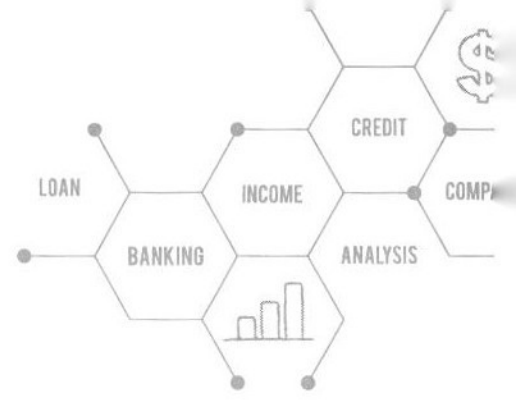

- 세금은 법률로 정한다조세법률주의.
- 2022년 현재 우리나라의 세금은 국세 13가지, 지방세 11가지, 총 24가지가 있다.
- 세금은 주로 소득, 재산, 소비에 부과된다.
- 억울한 세금은 내지 않아야 된다. 납세자권익보호 제도로는 과세 전적부심사제도, 이의신청, 심사청구, 심판청구, 행정소송의 방법이 있다.
- 세금 신고 납부기일을 잘 지켜 가산세를 부담하지 않는 것이 중요하다.
- 각종 세제상의 혜택을 정한 조세특례제한법을 잘 챙겨보는 것도 중요하다.
- 사업자에게 주로 관계되는 세금으로는 부가가치세, 소득세개인사업자, 법인세법인소득자가 있다.
- 부가가치세는 궁극적으로 최종 소비자가 부담하는 세금이지만, 사업자가 대신 받아 납부하는 간접세이다.
- 부가가치세법에 따라 사업자는 일반과세자와 간이과세자, 면세사업자로 구분된다.
- 사업자는 일정기간별로 매출하면서 대신 받아둔 부가가치세매출세액에서 매입하면서 대신 지불한 부가가치세매입세액를 차감하여 세무서에 신고 납부하여야 한다. 일반과세자, 간이과세자, 면세사업자에 따라 신고 납부 내용은 다르다.
- 개인사업자가 소득에 대하여 부담하는 세금이 소득세이다. 소득세법에 따른 소득은 다양하며 과세 방식은 종합과세, 분리과세, 분류과세로 나누어진다.
- 사업소득은 사업자의 근로소득과 일정 금액을 초과하는 금융소득, 연금소득, 기타소득과 합산하여 종합소득세로 신고 납부한다.

- 사업소득은 회계상의 당기순이익과 일치하지 않으므로, 세법에 따라 세무조정을 하여 과세대상 소득을 계산한다.

- 2022년 현재 소득세율은 6%과세표준 1,200만 원 이하부터 45%과세표준 10억 원 초과까지 8개의 구간별 누진세율로 적용된다.
- 일정 규모를 넘어서는 개인사업자는 공인회계사나 세무사에 의한 외부조정계산서를 첨부하여 신고하여야 한다.
- 일정 규모를 넘어서는 개인사업자는 공인회계사나 세무사에 의한 성실신고확인서를 첨부하여 신고하여야 한다.
- 법인사업자의 소득에 부과되는 세금이 법인세이다.
- 법인사업자의 과세소득 또한 회계상의 당기순이익과 일치하지 않으므로, 세법에 따라 세무조정을 하여 과세대상 소득을 계산한다.

- 2022년 현재 법인세율은 10%과세표준 2억 원 이하부터 25%과세표준 3,000억 원 초과까지 4개의 구간별 누진세율로 적용된다.
- 일정한 조건의 법인사업자는 외부조정계산서를 첨부하고, 또 일정한 조건의 법인사업자는 성실신고확인서를 첨부하여 신고하여야 한다.
- 법인사업자가 많은 조세감면으로 인하여 세금을 내지 않거나 지나치게 적은 세금을 내는 것을 방지하기 위하여 최소한의 세금을 부담하도록 하는 최저한세제도를 두고 있다.
- 모든 법인과 일정 규모 이상의 개인사업자는 원칙적으로 복식부기

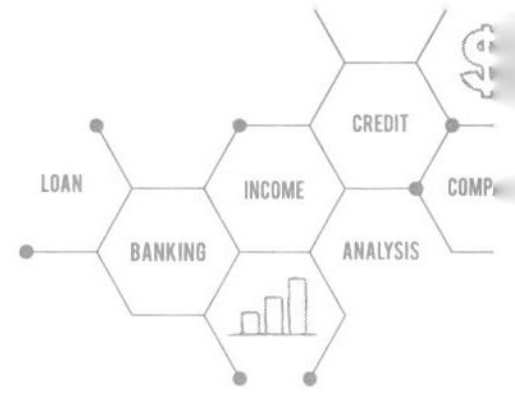

장부의 기록을 근거로 세금을 신고하도록 하고 있다복식부기의무자.

- 일정 규모 이하의 개인사업자는 복식장부 기록의 부담을 줄여주기 위하여 간편장부를 사용하여 기록하고 신고할 수 있도록 하고 있다.
- 영세사업자에 대해서는 장부기록 없이 추정하여 세금을 신고할 수 있도록 하고 있으며, 이때 매출규모에 따라 기준경비율이나 단순경비율을 적용한다.

제3주

원가로 길을 찾자

12
1
2
3
4
5
6
7
8
9
10
11

DAY 1

왜, 원가인가?

오늘날 기업환경의 특성은 여러 가지로 이야기할 수 있지만, 핵심적인 특성은 세계화globalization와 제4차 산업혁명으로 일컬어지는 IT혁명IT revolution이라 할 수 있을 것이다. 이러한 현상은 기업을 무한경쟁의 환경으로 몰고 있으며, 기업은 생존을 위해 경쟁력제고를 지상과제로 삼게 되었다.

기업 경쟁력의 핵심은 좋은 제품이나 서비스를 값싸게 공급하여 고객의 마음을 사로잡는 데 있으므로, 흔히 기업의 경쟁력을 말할 때 품질경쟁력과 가격경쟁력으로 말한다. 좋은 제품이나 서비스를 제공해야 한다는 것은 당연하나 좋은 제품이나 서비스를 값싸게 공급한다는 것이 쉽지 않음을 짐작할 수 있다. 그러기에 기업은 연구개발을 통해 좋은 제품을 만들려고 할 뿐만 아니라, 값싸게 공급하기 위해 끊임없이 원가를 절감하려고 노력하는 것이다.

일본의 동양경제지와 미국의 컨설팅회사 BCG가 신흥국의 세계 1위 기업에 대한 성공유전자를 조사한 결과 1위가 원가우위에 있었고한국경제, 2008.11.18., 세계적인 경영전략이론가인 마이클 포터Michael Porter도 핵심적 경쟁전략 3가지를 원가우위cost leadership, 차별화differentiation, 집중화focus로 제시하고 있어, 원가는 기업의 경쟁력을 결정하는 가장 중요한 요소 중 하나임을 확인할 수 있다.

기업의 원가를 측정, 분석하고 다양한 의사결정에 활용하는 분야를 원가회계라고 한다. 한편, 회계는 크게 그 시스템이 지향하는 주된 정보이용자에 따라 재무회계와 관리회계로 구분하는데, 주주·채권자 등 기업의 외부이해관계자들에게 정보를 제공하는 것을 주요 목적으로 하는 회계를 재무회계, 경영자가 올바른 판단을 할 수 있도록 정보를 제공해주는 회계를 관리회계라고 한다<표 3-1> 참조.

경영자에게 지상과제는 기업을 경쟁력 있게 경영하여 돈을 잘 버는 것이며, 그러기 위해서는 원가를 잘 관리하는 것이 무엇보다 중요한 과

표 3-1_ 재무회계와 관리회계

정보이용자	회계시스템
주주, 채권자, 정부 등 외부 정보이용자	재무회계
경영자 등 내부 정보이용자	관리회계 (원가회계, 원가관리회계)

제이다. 따라서 관리회계의 일차적 주제는 원가에 있다. 원가회계와 관리회계는 거의 동의어로 인식될 정도로 원가는 관리회계의 핵심주제이다.

이 책의 제1주차 주제로 다루고 있는 내용은 재무회계의 핵심내용인 재무제표에 대한 것이며, 제2주차 주제는 재무회계를 기반으로 세법을 적용하는 세무회계를 다루며, 제3주차의 주제는 바로 원가를 중심으로 한 관리회계를 다루고 있다. 관리회계는 한마디로 경영자에게 마치 내비게이션과 같은 역할을 하는 회계라고 할 수 있다.

기업에서는 걸핏하면 경쟁력제고를 위한 경영합리화·경영혁신을 부르짖는다. 이 구호가 가지는 구체적인 의미는 무엇일까? 경영합리화의 첫걸음은 역시 원가의 절감에서 시작하기 때문이다. 이익추구를 첫째의 목적으로 하는 기업에서 원가절감은, 〈그림3-1〉에서 보는 것처럼 비용을 줄여 이익을 높이는 직접적 효과뿐만 아니라, 가격인하를 통해 매출증대로 이익을 높이는 간접적 효과도 있다.

2019년 말부터 세계를 뒤흔들고 있는 코로나19의 팬데믹pandemic은 가히 블랙스완black swan으로서 세계경제의 불확실성을 증폭시키고 있다. 불확실성이 커지고 경제여건이 어려우면 어려울수록 경영자는 최악의 시나리오까지 예상한 선제적 전략을 고민하지 않을 수 없다. 특히 불필요한 낭비를 제거하고 효율의 극대화가 절실히 요구되는 시점이고, 허리띠를 졸라매고 마른 수건을 다시 짜는 뼈아픈 노력을 하지 않을 수 없는 상황이다. 이쯤 되면, 이런 구호도 필요할 만하다.

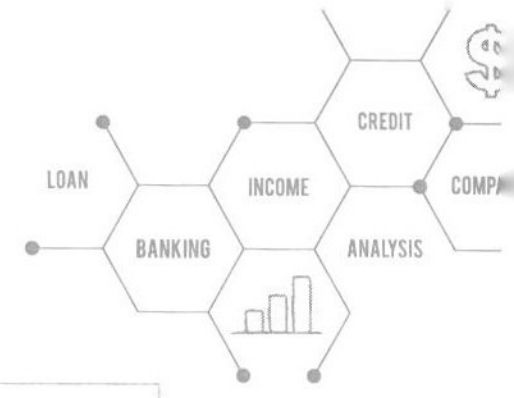

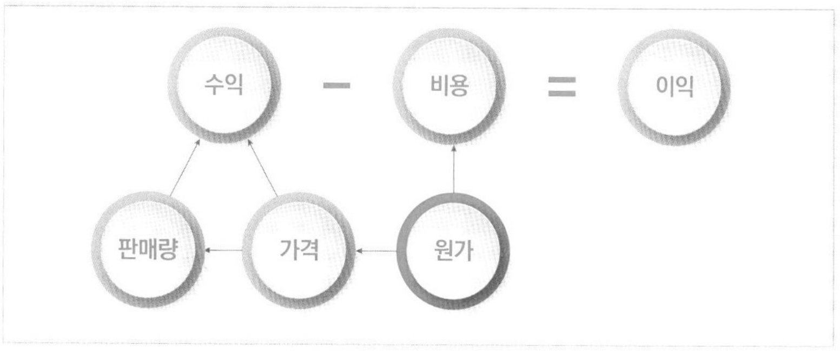

그림 3-1_원가의 영향

"원가절감과의 전쟁!"

기업이든 개인이든 합리적인 경제적 판단을 하기 위해서는 원가마인드cost mind를 가지는 것이 필수적이다. 합리적 경제마인드의 에센스는 원가마인드에 있기 때문이다. 원가마인드란 원가를 제대로 이해하고, 원가를 절감할 수 있는 방안을 끊임없이 찾으려는 의식이다. 그렇지만 구체적으로 어떠한 원가를 어떻게 절감할 것인가를 계획하고 실천하는 데는 우선 원가의 성질, 원가의 구성, 원가의 움직임 등을 제대로 이해할 필요가 있다. 그 이해 없이 원가절감을 외치는 것은 주소 없이 서울 김서방 집을 찾는 것이나 마찬가지이기 때문이다.

상이한 목적에는 상이한 원가

"원가 이하 바겐세일!"

이것은 동네 가게에서도 흔히 볼 수 있는 문구이다. 원가 이하로 판다는 말은 곧 손해보고 판다는 것인데, 처녀가 "시집 안 간다"는 말, 노인이

"죽고 싶다"는 말과 함께 3대 거짓말에 속하는 장사꾼의 "손해보고 판다"는 말을 우리는 어떻게 이해하여야 할까? 어쩌면 가게주인과 손님의 머릿속에 그려지는 원가는 다음과 같이 동상이몽일 수 있지 않을까?

| 가게주인 | 원가 = 구입가격 + 가게운영비용 + 적정이익
| 손 님 | 원가 = 생산원가 또는 구입원가

사실 우리들은 수많은 경제행위나 경제현상을 설명할 때 원가cost의 개념을 떠올리고 이야기한다. 그런데 놀라운 것은 많은 사람들이 원가의 구조나 개념을 제대로 이해하지 못하면서 편한대로 쓰고 있다는 점이다. 사실 원가의 개념은 카멜레온의 색깔처럼 참으로 다양하다. 카멜레온은 어떤 색깔인가? 이런 질문은 받으면 갑자기 멍해진다. 주위를 둘러싼 온도와 습도 같은 환경에 따라 색깔이 달라지기 때문이다. 그래서 원가회계에서는 오래된 경구가 있다.

"상이한 목적에는 상이한 원가different costs for different purposes"

원가개념이 다양하게 존재하고, 어떤 목적으로 그 원가를 알려고 하느냐에 따라 거기에 적합한 원가는 다르다는 것이다. 원가는 일반적으로 "제품이나 서비스를 생산하는 데 들어간 돈제조원가"이라고 말할 수 있지만, 판매가격을 정할 때는 제조원가에서 광고비, 물류비, 판매비 등을 포함총원가하여야 하고, 때로는 실제로 돈이 나가지는 않았지만 원가기회원가의 예로 계산해야 하는 경우도 있다.

원가의 3요소: 재료원가 · 노무원가 · 경비

도대체 원가란 무엇인가? 일반적으로 말하여 '원가란 어떠한 제품이

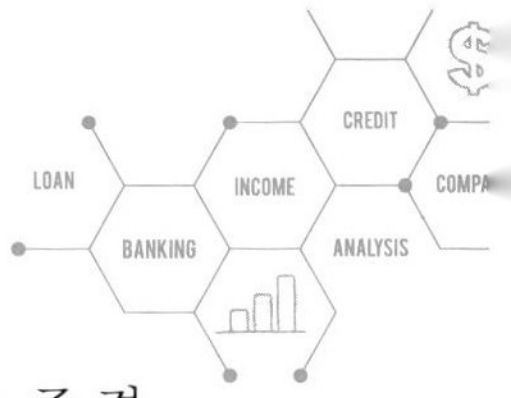

나 서비스를 생산하거나 어떠한 행위를 수행하는 데 투입되는 돈, 즉 경제적 자원을 화폐가치로 평가한 가치'를 말한다. 우리 주위에서 흔히 볼 수 있는 컴퓨터를 생각해 보자. 컴퓨터를 생산하기 위하여 어떠한 경제적 자원이 투입되는가? 우선 메인보드, 모니터, 자판기 등의 부품들이 있고, 이 부품들은 종업원들의 조립작업에 의해 컴퓨터로 만들어질 것이다. 또 이러한 작업은 벌판에서 이루어지는 것이 아니라 일정한 시설을 갖춘 공장 안에서 이루어진다. 이처럼 일정한 공장 안에서 종업원들이 부품을 조립하여 컴퓨터를 생산한다면, 부품·노동력·시설들이 투입된다고 볼 수 있다.

이때 부품과 같이 제품, 즉 컴퓨터에 물질 형태로 투입되는 자원의 가치를 재료원가material costs, 제품생산에 인간의 노동용역으로 투입되는 자원의 가치를 노무원가labor costs, 그 외 제품을 생산하기 위하여 투입되는 건물·설비·전력 등 모든 자원의 가치를 경비overhead costs로 분류하며, 이를 원가의 3요소라고 한다<그림 3-2>.

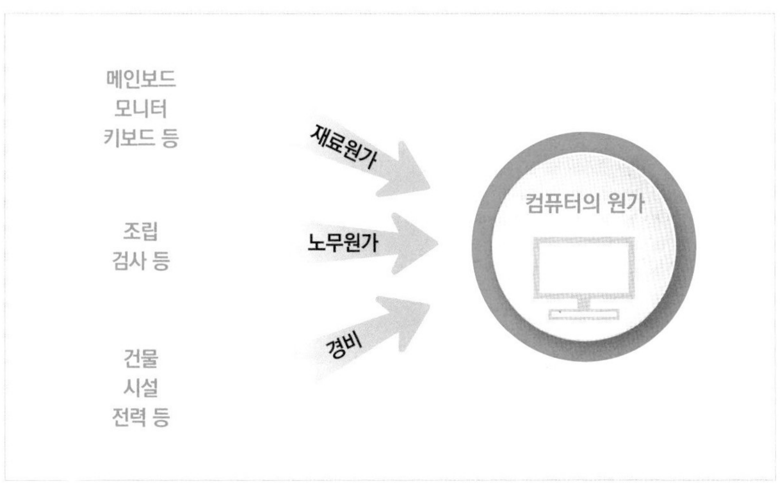

그림 3-2_원가의 3요소

어떤 제품의 원가는 결국 그 제품을 생산하는 데 투입된 재료원가·노무원가·경비로 구성된다. 그렇다면, 서비스의 원가는 어떠한가? 서비스는 무형의 제품이라고도 할 수 있다. 예컨대, 교수의 강의와 회계사의 회계감사는 보이지 않는 무형의 제품인 것이다. 서비스를 구성하는 물질은 존재하지 않으므로 재료원가는 없다. 그러면, 교수가 강의하면서 사용하는 화이트보드, 컴퓨터, 프로젝터, 강의자료 등은 '강의' 서비스 자체를 구성하지는 않고, '강의' 서비스를 제공하는 데 소요되는 기타의 원가 즉 경비로 보아야 할 것이다. 그러므로 서비스의 원가는 노무원가와 경비로 구성된다고 할 수 있다<그림 3-3>.

그림 3-3_서비스의 원가구성

더하는 원가와 나누는 원가: 직접원가와 간접원가

한 가지의 제품만 생산하는 상황에서의 원가계산은 대단히 간단할 수 있다. 모든 원가를 합계만 하면 될 것이기 때문이다. 그러나 기업에서는 대체로 여러 가지 제품을 생산하기 때문에 원가계산이 그렇게 간단

하지 만은 않다. 제품별로 추적될 수 있는 원가가 있는 한편, 그렇지 않은 원가가 있기 때문이다.

A모델과 B모델의 컴퓨터를 생산하는 컴퓨터회사의 원가를 생각해 보자. 컴퓨터원가 중 메인보드, 모니터 등 각종 부품 등의 재료원가는 모델별로 추적되고 파악될 수 있다. 또한 생산라인별로 조립작업을 하는 종업원에게 지급한 인건비노무원가 또한 모델별로 집계될 수 있을 것이다. 그런데, 공장설비의 감가상각비나 전기료, 공장사무비 등은 컴퓨터 생산원가이지만, 모델별로 추적하여 계산하기는 힘들다.

이처럼 제품의 원가를 계산하다 보면, 재료원가나 노무원가처럼 어떠한 특정 제품과 관련해서만 발생하기 때문에 그 제품의 원가를 계산할 때 쉽게 추적이 되어 단순히 합산하기만 하면 되는 원가가 있는 한편, 시설의 감가상각비와 같이 여러 제품에 공통되게 발생하는 것이어서 특정 제품의 원가를 계산할 때 개별적으로 추적하기가 쉽지 않은 원가가 있다. 전자를 직접원가direct costs 후자를 간접원가indirect costs라고 한다.

이제 짐작하겠지만, 어떤 제품의 원가를 계산할 때 직접원가는 그냥 더하기만 하면 되지만, 간접원가는 개별적으로 추적되지 않기 때문에 불가피하게 전체적으로 파악하여 적절한 기준을 이용하여 나누어줄 수밖에 없다. 사실 이 간접원가가 바로 원가의 계산을 어렵게 만드는 골치 아픈 존재이다. 그러기에, 이 간접원가의 계산처리만 해결된다면 사실 원가의 계산은 거의 이루어진 것이나 마찬가지라고 할 수 있다.

유의할 점은, 어차피 같은 품목의 제품은 같이 계산하여 수량으로 나누어 단가를 계산하는 것이기 때문에, 직접원가와 간접원가의 구분은 앞에서 설명한 바와 같이 제품 하나하나에 추적이 되느냐 그렇지 않느냐가 아니라, 특정 제품품목과 관련하여 추적되는지의 여부에 따른다. 예컨대, 한 공장에서 냉장고와 세탁기를 생산한다면, 각 제품별로 추적이 되는 직접원가와 그렇지 않은 간접원가로 분류되는 것이다<그림 3-4>.

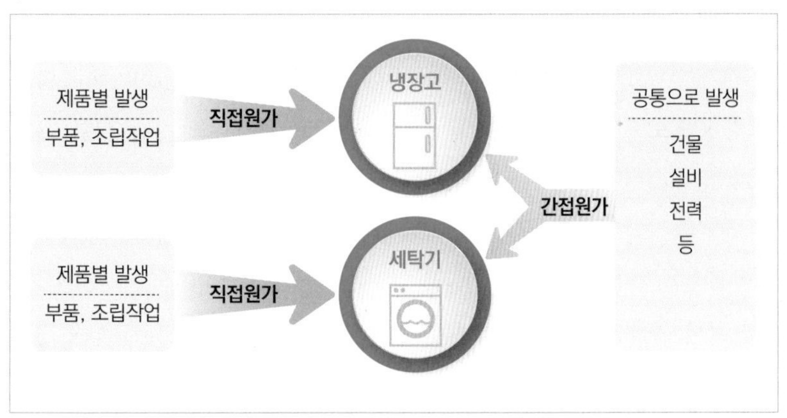

그림 3-4_컴퓨터생산과 직접원가·간접원가

직접원가와 간접원가는 원가의 측정시스템을 바꿈으로써 변경될 수 있다는 점에 유의할 필요가 있다. 공장의 전력을 오직 하나의 계량기로만 측정한다면 전력료는 당연히 간접원가로 분류되지만, 각 품목별로 따로 계량기를 설치하여 소비전력을 측정한다면 전력료는 품목별 직접원가로 분류될 수 있다.

간접원가의 저수지: 제조간접원가

앞에서 본 원가의 분류는 어떠한 형태의 자원으로 투입되는지재료원가·노무원가·경비 그리고 생산된 제품별로 용이하게 추적될 수 있는지직접원가·간접원가의 두 가지 기준에 따른 것이었다. 각각 다른 기준에서 보는 이 두 가지 분류는 결합될 수 있다.

재료원가에는 컴퓨터의 부품, 자동차의 부품, 가구의 목재 등과 같이 제품의 중요한 부분을 구성하는 것주요재료만 있는 것이 아니라, 나사·페인트· 니스·스티커 등과 같이 보조적으로 제품을 구성하는 재료보조재료

도 있다. 주요재료는 개별적으로 추적하여 계산할 수 있겠지만, 보조재료는 개별적으로 추적하기가 쉽지 않다. 따라서 보조재료에 대한 원가는 공통으로 인식하여 나누어주는 계산을 하기 때문에 간접재료원가가 된다.

노무원가의 경우도, 각 생산라인에 배치된 종업원의 임금처럼 직접노무원가가 있는 한편, 여러 생산라인의 작업상황을 감독하는 감독자나 어느 라인에서든 고장이 발생하면 수선의 책임을 맡은 종업원의 임금과 같은 것은 간접노무원가로 인식한다.

한편, 감가상각비·전력비·수도료·수선유지비 등과 같은 경비는 대부분 간접원가이지만 외주가공비처럼 특정의 제품과 관련하여 발생하는 직접원가도 있다.

엄격히 분류하면 재료원가, 노무원가, 경비 모두 직접원가와 간접원가로 분류되지만, 분류의 복잡성과 그 실효성 때문에 많은 경우에 〈그림 3-5〉와 같이 결합하여 직접재료원가·직접노무원가·제조간접원가manufacturing overhead costs로 분류한다.

그림 3-5_직접재료원가·직접노무원가·제조간접원가

이 분류에 따라, 일반적으로 재료원가는 직접재료원가, 노무원가는 직접노무원가만을 의미하며, 그 이외에 발생하는 모든 원가를 제조간접원가로 인식하기도 한다.

원가구성과 가격

이런 생각을 해보자. 컴퓨터를 조립 생산하여 판매하고 있는 첨단전자는 회사의 지속적 발전을 위한 영업이익률을 10% 정도로 생각하고 있다. 최근 기획한 신제품의 가격을 정하기 위하여 원가를 계산해 본 결과 재료원가 70만 원, 노무원가 20만 원, 제조간접원가 30만 원으로 제조원가는 120만 원으로 계산되었다. 첨단전자는 여기에 이익을 10% 가산하여 132만 원으로 판매가격을 정하려고 한다. 이러한 가격결정은 적절한가? 독자들 나름대로 판단을 해보기 바란다. 첨단전자가 이런 식으로 가격을 결정한다면 결과적으로 기대하는 이익을 얻을 수 있을까? 다시 말해, 첨단전자는 신제품을 생산하는 데 투입된 제조원가만을 보상받고 여기에 10%의 이익이 보장되면 만족할 것인지를 생각해 보자.

첨단전자는 생산활동 이외에 생산된 제품을 판매하기 위하여 광고·판매점 개설·판매원 고용과 같은 판매활동과 기획활동·연구개발활동·자금조달 및 운용활동과 같은 일반관리활동을 불가피하게 수행하게 된다. 이러한 활동에는 많은 자원이 소요되며, 이렇게 발생하는 원가를 판매비selling costs와 일반관리비general administrative costs라고 한다. 이 원가 또한 첨단전자가 컴퓨터를 생산 판매하는 데 필요한 활동에 수반되는 자원의 소비액, 즉 원가라 하지 않을 수 없다. 이를 고려하지 않고 설정한 132만 원의 가격은 원가보상에 문제가 있을 수 있고, 어쩌면 손실을 초래할 수도 있을 것이다.

흔히 공장 안에서 발생하는 제조원가만에 초점을 맞추는 이유는, 이 제조원가만이 재무제표상 재고자산의 원가로 인정되고 또 매출원가를 구성하기 때문이다. 그러나 원가관리 측면에서 보면, 제조원가만이 아니라 판매비와 관리비 또한 관리되어야 할 대상인 것이다. 따라서 제조원가만을 가격설정 기준이 되는 원가개념으로 보는 것은 부적절하다.

더욱이 현대 기업들이 치열한 경쟁 속에서 많은 연구개발이나 마케팅 활동을 수행하여야 하는 점을 감안하면 더욱 그러하다. 이러한 판매비와 일반관리비를 추가한 원가를 총원가full costs라고 하여, 원가관리의 대상으로 삼을 뿐 아니라 가격에 의해 보상되어야 할 원가로 본다<그림 3-6> 참조. 다만, 이러한 판매비와 일반관리비25만 원는 기업전체의 판매 및 관리활동과 관련되어 발생하는 경우가 대부분이므로, 총원가를 계산하기 위해서는 이를 적절한 기준에 따라 제품별로 나누어주는 배부절차가 필요하다.

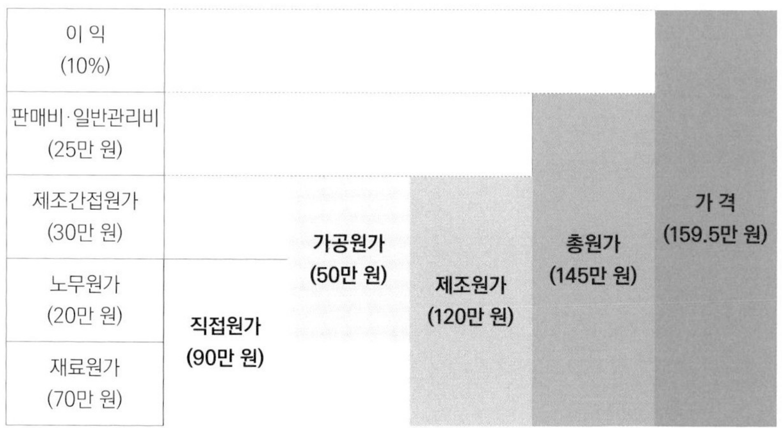

그림 3-6_원가의 구성과 가격의 관계

이러한 원가구성에 따라 다양한 원가개념을 정의하기도 하는데, 재료원가와 노무원가만을 합한 원가를 직접원가90만 원라고 하고, 제품의 생산과정은 결국 재료를 완제품으로 만들어가는 과정이라는 관점에서 제품의 원가를 재료원가와 가공원가cosnversion cost, 50만 원로 분류하기도 한다. 재료원가, 노무원가, 제조간접원가의 합 즉 공장안에서 발생한 원가를 제조원가120만 원, 여기에 판매비와 일반관리비를 합한 원가를 총원가145만 원라고 한다. 따라서 정상적인 시장상황이라면 가격결정의 기준은 당연히 총원가가 되어야 한다.

오늘날 원가관리에서 제품을 직접 구성하는 직접재료원가나 직접노무원가보다 제조간접원가와 판매비·일반관리비가 상대적으로 점점 중시되고 있음을 이해할 것이다. 특히 판매비와 일반관리비를 제대로 관리하지 못하면 공장에서 실컷 벌어 길거리, 사무실에서 까먹는 꼴이 되기 십상이다.

회맹탈출을 위한 3주간의 **회계여행**

원가계산 어떻게 하나?

가격경쟁력은 낮은 원가로 제품을 생산할 수 있어야 생긴다. 공정을 개선하고, 낭비를 줄이고, 나태함을 극복하여 원가를 절감하여야 한다. 원가를 절감하기 위해서는 우선 어떤 원가가 얼마나 낭비되고 있는지, 어떤 원가를 절감할 수 있는지 알아야 한다. 그러기 위한 최우선 과제는 먼저 제품에 대한 원가정보를 제대로 파악하는 것이다.

만일 사장이 생산현장에 가서 막무가내로 열심히 일할 것만을 독려한다면 과연 효과적인 원가관리가 될까? 구체적인 원가자료를 가지고, 문제가 되는 공정에 주목하여, 공정별로 적절한 관리를 한다면 훨씬 효과적인 원가관리가 될 것은 당연하다.

다시 원론적인 문제를 생각해 보자. 왜, 원가를 제대로 계산할 필요가 있는가? 무엇보다 먼저 원가를 계산하는 목적은 앞에서 언급한 바와 같은 원가관리의 목적이다. 원가절감을 위한 원가관리의 요체는 원가를 정확히 파악하고, 이를 근거로 비능률적 요인을 제거함으로써 원가능률을 향상시키는 데 있다. 그러므로 현재의 원가를 정확히 파악한다는 것은 원가관리를 위해 무엇보다 선행되어야 할 중요한 절차이다.

원가계산은 흐름계산이다.

제품이나 서비스의 원가는 구체적으로 어떻게 계산할까? 원가계산은 생각만큼이나 그렇게 복잡하지도 골치 아프지도 않다솔직히 +, -, ×, ÷의 4칙 계산만 할 수 있다면 가능한 계산이다!. 예컨대 한 주부가 마트를 갔다고 생각해 보자. 우선 입구에서 카트를 밀고, 마트를 돌며 필요한 물건을 하나하나 카트에 주워 담는다. 필요한 물건을 모두 고른 주부는 계산대에서 계산을 하고 나올 것이다. 이때 이 주부가 필요한 물건을 가득 담은 카트를 제품에 비유한다면, 마지막 계산대에서 계산되는 금액이 바로 그 제품의 원가가 된다. 이 계산을 못 할 독자가 있는가? 물론 없을 것이다. 그렇다면 원가계산을 걱정할 필요가 없으니 안심하시라.

주부가 마트를 돌면서 필요한 물건을 하나하나 담는 것은 제품생산을 위해 하나하나의 공정을 거치는 것과 같은 셈이다. 이런 상황에서 치밀한 주부라면 물건 하나하나를 담을 때마다 그 값을 계산하고 합산하여 장보기 예산과 대충 맞추려고 할 것이다. 이러한 절차, 즉 주부가 마트에서 필요한 물건을 하나씩 담으면서 값을 계산하는 것은, 마치 공장에서 재료가 투입되어 각 공정을 거치면서 가공되어 최종제품이 되고, 그러한 생산과정의 흐름을 좇아 제품의 원가를 계산하는 것과 다름없다.

이상의 간단한 예와 다를 바 없이 원가계산은 바로 재료의 투입과 가공과정, 즉 물량흐름physical flow을 잘 파악하고 각 과정에서 발생하는 원가를 집계하는 절차이다. 다만 이러한 원가계산은 단순히 합산하는 것이 아니라, 〈그림 3-7〉과 같이 회계의 독특한 계산방법인 계정을 이용하여 이루어질 뿐이다.

재료는 생산과정에 투입되어 제품으로 만들어지는데, 생산과정에 있

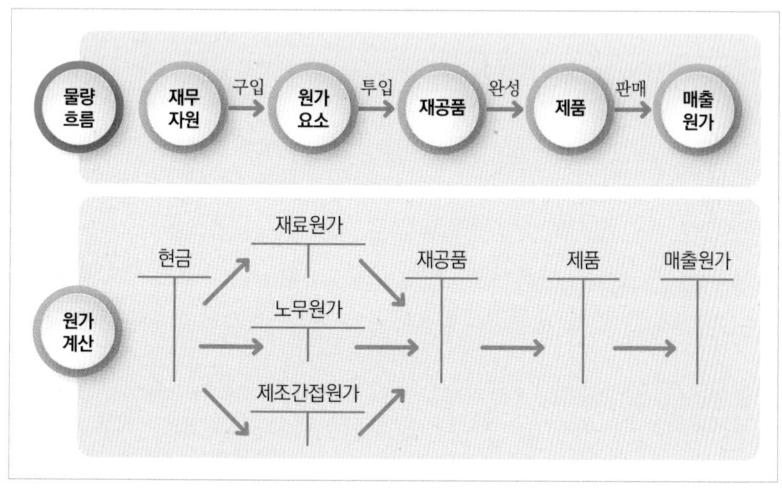

그림 3-7_물량흐름과 원가의 계산

는 상태의 미완성된 제품을 재공품work-in-process이라고 한다. 따라서 생산과정을 물리적 형태로 파악하면, 재료 → 재공품 → 제품으로 흘러간다고 할 수 있다. 다만 재료만 생산과정에 투입되는 것이 아니고, 노동력이나 기타 시설의 가치 등도 생산과정에 투입되며, 그 투입과 생산진행 과정을 좇아 계정기록을 누적시켜 가면 되는 것이다. 마지막으로 완성된 제품이 창고에 입고될 때 그때까지 집계된 원가를 제품계정으로 이체하고, 그 제품이 팔려나가면 그 원가를 매출원가로 계산하면 된다.

원가계산에서 중요한 원가개념은 직접원가와 간접원가의 구분이다. 하늘전자에서 냉장고와 세탁기를 생산하고 있다고 하자. 만일 모든 원가들이 직접원가뿐이라면, 원가의 계산은 간단하다. 냉장고의 원가는 냉장고 생산과 관련된 모든 원가를 집계하면 되고, 세탁기의 원가는 세탁기 생산과 관련된 모든 원가를 집계하면 되기 때문이다. 그런데 현실적으로 많은 제조간접원가가 존재한다는 것이 원가계산을 어렵게 하고 있다.

예컨대 하늘전자의 두 제품 생산라인이 한 공장안에 설치되어 있다면, 그 공장건물의 감가상각비는 두 생산라인에 공통적으로 발생하는 원가이고, 전력료를 공장전체로 파악하는 경우 전력료 또한 공통적으로 발생하는 원가이다. 이러한 제조간접원가는 실제로 매우 많이 발생하게 되는데, 그 원가를 적절한 기준으로 제품별로 배부하여야만 한다. 예컨대 건물감가상각비는 각 생산라인이 차지하는 공장면적을 기준으로 배부하고, 전력료는 각 생산라인의 사용전력을 기준으로 배부하는 등이다. 이와 같이 원가계산의 기본 절차는 각 제품별로 직접원가를 집계accumulation하고 제조간접원가를 배부allocation하여 합산하는 절차라고 할 수 있다.

원가계산절차는 제품의 생산방식에 맞추어 설계되는데, 엄격히 말하여 모든 제품의 생산방식은 다르기 때문에, 모든 제품의 원가계산절차는 다르다고 할 수 있다. 그렇지만 원가계산절차 설계의 기본이 되는 전형적인 두 형태의 기본적 원가계산절차가 있다. 하나는 항공기·선박·특수기계·가구·양복의 주문생산처럼 다양한 제품을 생산하는 경우에 적합한 개별원가계산이고, 다른 하나는 자동차·TV·라디오·제분처럼 규격화된 단일 제품을 연속적으로 생산하는 경우에 적합한 종합원가계산이다.

개별원가계산: 이조가구의 예

이조가구사는 고객의 주문에 따라 가구를 제작·판매하는 기업이다. 주문생산하는 가구는 주문품마다 디자인이나 규격, 재질 등이 다르므로, 원가를 계산하려면 각 주문품별로 원가를 집계하여야 한다. 이렇게 다양한 제품을 생산하며, 각 품목별로 원가를 집계하는 방식을 개별원가계산job order costing이라고 한다.

김 씨는 장식장, 이 씨는 장농, 박 씨는 탁자를 주문했다고 가정하자. 각자의 필요에 맞는 규격·디자인·구조가 달라 각 주문품별로 재료·노동력 등도 모두 다를 것이기 때문에 주문품 하나하나에 대한 원가를 따로 집계하여야 한다. 이렇게 제품별로 원가를 따로 집계하는 절차는 〈그림 3-8〉과 같이 그릴 수 있다.

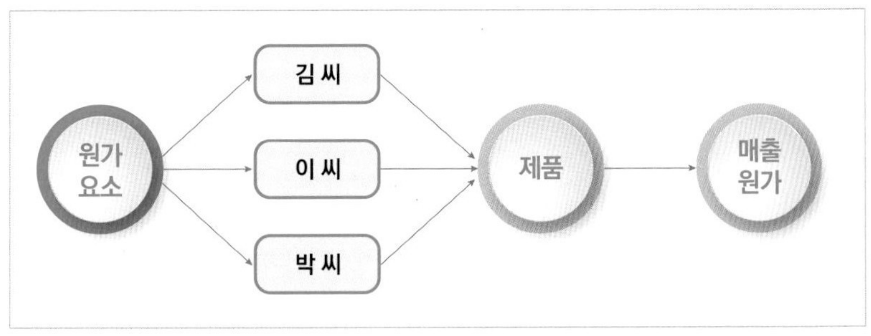

그림 3-8_개별원가계산(이조가구)

표 3-2_ 이조가구사 원가자료

구 분	김씨 주문품	이씨 주문품	박씨 주문품	합계
재료투입액	1,000,000	1,200,000	800,000	3,000,000
임금지급액	500,000	600,000	1,000,000	2.100,000
제조간접원가		4,200,000		

이조가구사가 김 씨·이 씨·박 씨로부터 각각 가구를 주문받아 생산하였고, 이 때 발생한 원가자료는 〈표 3-2〉와 같다.

즉, 재료투입액과 임금지급액은 각 주문품별로 파악이 되었지만, 감가상각비·전력료·공장소모품 등의 제조간접원가는 주문품별로 파악되지 않고 합계액으로 파악된 것이다. 이 자료를 이용하여 각 주문품의 원가를 계산하는 절차는 다음과 같다.

Step 1 직접원가의 집계: 이 씨가 주문한 장롱은 크기가 가장 큰 것이어서 재료원가가 많이 소요된 반면에, 박 씨가 주문한 탁자는 크기는 작지만 화려한 자개무늬를 복잡하게 넣기 때문에 노무원가가 많이 발생하였다. 이렇게 개별적으로 추적되는 재료원가와 노무원가는 그냥 집계하면 된다.

Step 2 제조간접원가의 배부: 세 제품에 공통적으로 발생한 제조간접원가는 어떤 기준으로 배부하여야만 한다. 제조간접원가의 내용을 살펴보니 대체로 작업시간이 오래 걸릴수록 많이 발생하는 경향이 있는 원가이기 때문에 직접노무원가를 기준으로 배부하기로 하였다. 그러면 다음과 같이 계산된다.

- 직접노무원가 1원당 제조간접원가 배부율: $\frac{4,200,000}{2.100.000}$ = 2원
- 김 씨 주문품 배부액: 500,000 × 2 = 1,000,000원
- 이 씨 주문품 배부액: 600,000 × 2 = 1,200,000원

표 3-3_이조가구 원가계산

구분	김 씨 주문품	이 씨 주문품	박 씨 주문품	합계
직접재료원가	1.000,000	1,200,000	800,000	3,000,000
직접노무원가	500,000	600,000	1,000,000	2,100,000
제조간접원가	1,000,000	1,200,000	2,000,000	4,200,000
계	2,500,000	3,000,000	3,800,000	9,300,000

- 박 씨 주문품 배부액: 1,000,000 × 2 = 2,000,000원

따라서 〈표 3-3〉과 같이 각 주문품의 원가가 계산된다.

개별원가계산이 적용되는 생산에서는 이 예와 같이 제품별로 하나씩 생산하지만, 같은 제품을 여러 개 생산하는 경우에는 제품별로 원가를 집계하고, 집계된 원가를 제품수량으로 나누어 단위당 원가를 계산하면 된다.

종합원가계산: PC보드의 예

벨전자의 휴대폰 생산의 경우를 생각해 보자. 휴대폰은 규격화된 제품으로 시장생산되며, 제품 하나하나에 대한 원가를 집계할 필요 없이, 일정 기간보통 1개월 동안에 발생한 원가를 집계하여 생산수량으로 나누어 평균원가를 계산하면 된다. 이것이 종합원가계산방식이다. 종합원가계산은 제품별 원가집계 대신에 보통 원가발생장소인 공정별로 원가를 집계하는 방식을 사용하는데, 이를 특히 공정별원가계산process costing이라고 한다.

휴대폰은 제작·조립·검사의 세 공정을 거쳐 생산된다면 〈그림 3-9〉와 같은 절차로 원가가 계산된다.

공정별원가계산에서 계산상 나누는 공정이 실제상의 공정과 반드시 같을 필요는 없다. 이 예에서 제작·조립·검사의 3개 공정으로 나누어

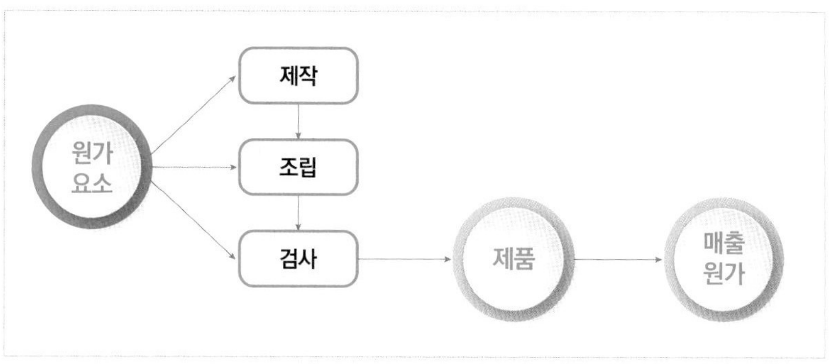

그림 3-9_공정별원가계산(휴대폰)

계산할 수도 있고, 필요에 따라서는 전체를 하나의 공정으로 보거나 또는 더 세부적인 공정으로 나누어 계산할 수도 있다. 그것은 얼마만큼 정확한 원가를 계산할 것인지, 어느 공정에 대한 원가정보가 필요한지 등에 따라 판단하여 정할 일이다. 여기서는 쉬운 예로 전체를 하나의 공정으로 보고 계산하기로 한다이러한 방식을 단순종합원가계산이라고 한다. 지난달 휴대폰 생산과 관련된 생산 및 원가자료는 〈표 3-4〉와 같다고 하자.

표 3-4_휴대폰 생산 및 원가자료

생산량자료	기초재공품수량: 100개(완성도 40%)
	완성품수량: 1,000개
	기말재공품수량: 200개(완성도 50%)
원가자료	기초재공품원가: 500,000원
	당기발생원가: 7,200,000원

이 자료에서 특히, 지난 기에 생산하다가 미완성된 기초재공품 100개는 40% 완성되어 넘어왔고, 이번 기에 생산하다가 미완성된 기말재공품 200개 또한 50% 완성되어 다음 기로 넘어간다는 사실에 주목할 필요가

있다. 이처럼 종합원가계산이 이루어지는 생산상황은 대체로 대량생산, 연속생산체제이므로 거의 언제나 기초, 기말재공품이 존재한다는 사실에 유념하자. 이 자료를 이용하여 원가를 계산하는 절차는 다음과 같다.

Step 1 완성품환산총량의 계산: 쉽게 생각하여, "이번 기에 1,000개의 완성품을 생산했고, 7,200,000원의 원가가 발생했으니, 1,000개의 원가 7,200,000원!" 이라고 말하지 못하는 이유는 기말재공품이 있기 때문이다. 즉, 이번 기에 몇 개를 생산했다고 말할 수 있는지는 기말재공품을 고려해야만 한다. 기말재공품은 완성된 제품이 아니므로 200개를 그대로 200개로 계산하면 안 되고, 완성품으로 본다면 몇 개로 볼 수 있는지의 개념, 즉 완성품환산량이라는 숫자로 계산한다. 그렇다면, 기말재공품 200개가 50% 완성된 상태이므로 완성품환산량으로 보면 100개= 200 × 50%인 셈이다. 그렇다면, 이번 기에 생산한 총량은 완성품 1,000개와 기말재공품 완성품환산량 100개를 합하여 1,100개이를 완성품환산총량이라고 한다로 계산한다는 것이다[※1].

완성품환산총량 = 완성품수량 + 기말재공품 완성품환산량
= 1,000개 + 200개(50%)
= 1,100개

Step 2 완성품환산량 단위당 원가의 계산: 완성품환산총량 1,100개를 만드는 데 투입된 원가는 얼마인가? 이번 기에 발생한 원가 7,200,000원은 당연히 포함되고, 지난 기에 발생하여 기초재공품에 투입되어 넘어온 원가 500,000원 또한 포함되어야 하는 것이다. 이렇게 합산된 원

※1 이렇게 기초재공품은 무시하고 결과적으로 생산해 낸 총수량으로 계산하는 방법을 평균법이라고 하며, 이 외에도 기초재공품수량을 차감하여 순수하게 당기에 생산한 수량을 파악하는 선입선출법도 있지만 여기서는 생략한다

가 7,700,000이 이번 기에 투입되어 완성품 1,000개와 기말재공품 200개50%, 즉 완성품환산총량 1,100개를 만드는 데 투입된 원가이다. 그러면 완성품환산량 1단위당 원가는 다음과 같이 계산될 수 있다.

$$\text{완성품환산량 단위당원가} = \frac{\text{기초재공품원가+당기발생원가}}{\text{완성품환산총량}}$$
$$= \frac{500,000 + 7,200,000}{1,100}$$
$$= 7,000(\text{원})$$

Step 3 완성품원가와 기말재공품원가의 계산: 그러면, 이 완성품환산량 단위당원가를 활용하여 완성품원가와 기말재공품원가를 계산할 수 있다.

완성품원가 = 1,000개 × 7,000원 = 7,000,000원
기말재공품원가 = 200개 × 50% × 7,000 = 700,000원

이렇게 계산된 결과로 원가계산표를 작성하면 〈표 3-5〉와 같다.

표 3-5_휴대폰 원가계산표

구분	금액
기초재공품원가	500,000
(+)당기발생원가	7,200,000
계	7,700,000
(-)기말재공품원가	700,000
완성품원가	7,000,000
완성품수량	1,000개
단위당원가	@7,000원

지금까지 개별원가계산과 종합원가계산이라는 정형적인 두 가지 원가계산방법을 보았다. 그런데 현실적으로 이와 똑같은 방법이 잘 적용되지 않고 다양한hybrid 원가계산방법이 존재한다. 중요한 것은 원가계산이란 제품이 생산되는 과정을 따라가면서 발생한 원가를 추적하여 집계하는 과정이라는 것이다. 여기서 설명한 정형적인 두 가지 방법의 계산논리를 각 기업의 생산과정에 맞추어 원가계산과정을 설계할 수 있다.

회맹탈출을 위한 3주간의 **회계여행**

DAY
3

원가절감의 비법

원가를 계산하는 것은 원가를 알기 위한 목적도 있지만, 원가를 파악하여 혹시 낭비적인 원가가 발생한 것이 없는지를 살펴 그 원인을 제거하여 원가를 절감하고자 하는 목적이 더욱 중요하다.

기업들은 치열한 경쟁시장에서 경쟁력을 확보하기 위한 노력으로 끊임없이 원가를 절감하려는 노력을 해왔다. 제품을 싸게 만드는 가장 쉬운 방법은 조악한 품질의 제품을 만드는 것이다. 예부터 "싼 게 비지떡"이라는 말이 함축하고 있는 의미이다. 품질을 포기한다면 얼마든지 낮은 원가로 제품을 만들 수 있을지 모른다. 그러나 여기서 말하는 원가절감이란 품질을 포기하는 것이 아니라, 적어도 고객이 용인하는 품질을 유지하거나 개선하면서 원가를 낮추는 것을 말한다. 따라서 낭비적이거나 비효율적으로 이루어지는 부분을 찾아 없애는 것이다. 원가절감을 위한 기법으로 표준원가계산과 목표원가계산이 있다.

표준원가계산

"아~ 올여름의 날씨는 덥구나!"

이렇게 말할 때 기온이 몇 도가 되는 건가? 28도? 30도? 아마도 작년, 2년 전, 3년 전…. 이렇게 기억되는 가까운 과거 연도에 느꼈던 날씨와 비교하여 이야기하는 것이 아닐까? 원가관리에 있어서도 마찬가지일 수 있다. 우리가 어떤 제품의 원가를 계산하고 그 원가정보를 이용하여 원가를 관리하려고 할 때, 우선 그 원가발생액의 적정성 여부를 판단하여야 한다. 그 적정성을 판단할 때, 우리는 흔히 현재의 발생원가를 과거에 그 제품을 생산하는 데 발생한 평균원가와 비교한다.

예컨대, 인형을 생산하는 꿈돌이 인형사가 이 달 인형 1개당 평균 제조원가가 10,000원으로 계산되었다고 하자. 만일 과거 평균 생산원가가 12,000원이었다면 이 달의 원가능률성은 높은 것으로 평가될 것이지만, 과거 평균 생산원가가 9,000원이었다면 이 달의 원가능률성은 낮은 것으로 평가될 것이다.

이러한 방법, 즉 과거 실적 값과 비교하여 현재 상황을 평가하는 것이 쉬운 방법이겠지만, 과거 실적 값을 평가기준으로 생각하는 그 자체에 본질적인 결함이 있다는 점을 간과해서는 안 된다. 과거의 비능률까지도 포함된 과거 실적원가를 현재 원가의 평가기준으로 사용하는 것은 마치 잘못 만들어진 자를 이용하여 길이를 측정하는 것이나 마찬가지이기 때문이다.

정확한 길이를 측정하려면 정확한 자를 이용하여야 하듯이 원가의 능률을 평가하기 위한 기준 역시 '바람직하고 능률적인 원가'가 되어야 한다. 이렇게 기준이 될 수 있는 과학적으로 예측된 원가를 표준원가 standard cost라고 한다. 따라서 실제 발생한 원가는 이렇게 예측된 표준원가와의 비교분석을 통하여 평가될 수 있다. 이러한 과정을 거쳐 원가를 관리하는 시스템을 표준원가계산이라 하며 〈그림 3-10〉과 같은 과정으로 운영된다.

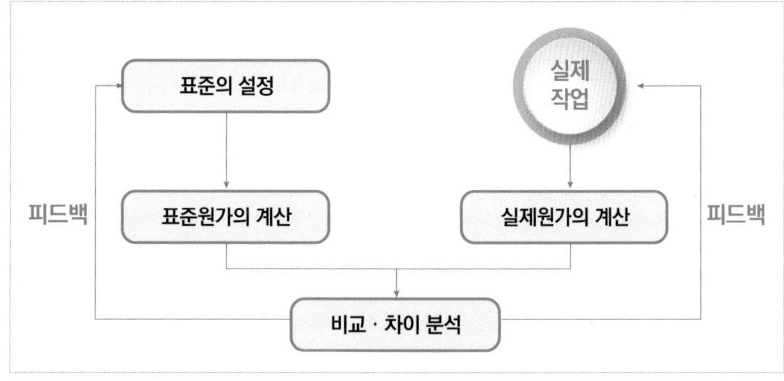

그림 3-10_ 표준원가계산의 운영과정

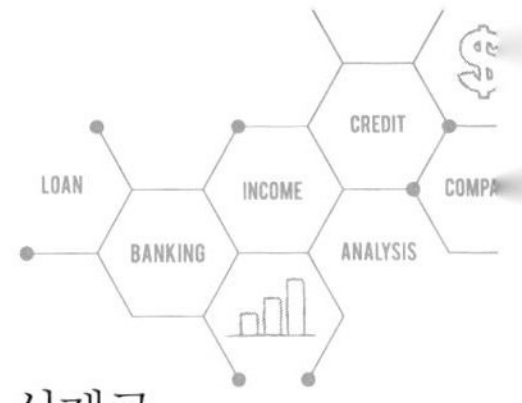

즉, 적절한 표준을 설정하고 그 표준에 따른 원가계산 결과를 실제로 발생한 원가와 비교하여, 그 차이가 발생하면 그 원인인 무엇인지를 밝혀 개선하는 것이다. 〈그림 3-10〉에서 보듯이 표준원가계산의 출발점은 단위당 원가표준을 설정하는 데 있다. 원가표준의 설정과정이야 말로 표준원가계산의 성패를 가름하는 중요하면서 어려운 과정이다.

이 과정에서는 우선 어느 정도의 능률을 기준으로 할 것인지, 그 수준을 선택하는 것이 중요하다. 표준원가는 능률적으로 작업하는 경우에 발생할 것으로 기대하지만, 어느 정도 수준의 능률을 말하는지에 따라 그 원가의 수준 또한 천차만별일 것이기 때문이다. 정확히 말해서 절대적으로 능률적이라든가 비능률적이라는 말은 성립될 수 없고 상대적으로 더 능률적이라든가 덜 능률적이라는 표현이 옳다. 그런 의미에서 적절한 능률수준의 선택은 매우 중요한 관리적 의미를 가지고 있다.

지금은 없어졌지만 언젠가 공부에 시달리는 고등학생들의 체력을 높여야 한다는 취지에서 시행되었던 대입 체력장제도를 생각해 보자. 필자의 기억으로는 그 당시 체력장기준이 너무 엄격하여 20점 만점을 얻는 학생은 한 반에 서너 명 정도가 고작이었고 기본점수는 15점이었다. 운동이라면 별로 소질이 없는 필자로서는 현명하게 체력장을 포기하고 쉽게 기본점수를 받았다. 그 뒤 체력장과 관련해서 크고 작은 사고가 빈발하였다. 특히 허약한 여학생들이 장거리800m달리기를 완주하려다가 쓰러져 목숨을 잃는 사고까지도 발생하자 채점기준을 많이 완화시켰다. 그 후 체력장은 참여만 하면 80-90% 정도의 학생들이 만점을 받도록 되었으니, 아마도 아침에 일어나 맨손체조 정도만 잘하더라도 유지되는 체력을 기준으로 한 것이 아니었는지 모르겠다.

문제는 어느 기준이 체력장시행의 목표를 효과적으로 달성하게 하느냐는 것이다. 앞의 경우와 같이 그 기준을 과도하게 높여 놓으면 사고가 나거나 아니면 필자와 같이 아예 포기하는 경우가 발생할 것이고, 뒤의 경우와 같이 기준을 너무 낮춰놓으면 체력향상이라는 목표를 달성할 수가 없게 될 것이다. 기준에 따라서 학생들의 대응행동이 달라지기 때문이다.

원가표준도 이와 마찬가지로 원가의 능률을 향상시키기 위한 기준으로 삼는데, 그 목표가 너무 높으면 구성원들이 그 달성을 포기하게 되고, 너무 낮으면 표준원가계산제도의 목적을 달성할 수 없게 되는 것이다. 따라서 표준에 적용될 능률수준은 어렵지만 열심히 노력하면 현실적으로 달성가능한tight but attainable 수준이 되도록 하는 것이 가장 효과적이라 할 수 있다. 실제로 그 수준을 어떻게 정하느냐 하는 것이 쉽지는 않겠지만 그러한 생각으로 표준을 설정하려는 노력이 중요하다.

한편, 원가표준은 항상 절대불변의 기준이 아니라는 점을 이해하는 것 또한 중요하다. 기술이 변하고 물가가 변하면 표준도 수정되어야 하는 것이다. 특히 요즈음 같이 기업환경이 급변하는 상황에서는 원가표준을 매년 검토하여 수정하는 것이 바람직하다. 그러기에 사후적으로 표준이 적절하지 못하다고 판단되면, 이를 수정하는 조치가 필요하다. 〈그림 3-10〉에서 두 방향의 피드백이 이루어지는 것은 바로 이 측면을 말하는 것이다.

원가요소별 표준설정

원가표준의 설정은 제품 1단위당 투입될 것으로 과학적으로 예측된 원가이다. 재료원가는 제품단위당 투입될 수량과 재료단위당 가격을 결정하고, 노무원가 역시 제품단위당 투입될 작업시간과 작업시간당 임률을 결정한다. 예컨대 꿀맛제과점의 꿀맛빵 한 박스당 재료원가 및 노무원가의 표준은 다음과 같이 설정될 수 있다.

재료원가표준: 100g × 30원 = 3,000원
노무원가표준: 1시간 × 5,000원 = 5,000원

제조간접원가의 표준설정은 다소 복잡하다. 연간 제조간접원가 발생액을 예측한 예산과 연간 조업도를 생각하여 배부율을 정하는데, 이를 표준배부율이라고 한다. 전통적으로 제조간접원가는 대부분 작업시간을 기준으로 배부하므로 제조간접원가 표준배부율 또한 작업시간을 기준으로 설정하게 된다.

꿀맛제과점은 연간 10,000시간기준조업도을 작업할 것으로 예측되며, 이에 따른 제조간접원가 연간 예산은 8,000,000원으로 예측되었다고 하자. 그러면 시간당 제조간접원가 표준배부율은 다음과 같이 시간당 800원이 된다.

$$\text{제조간접원가 표준배부율} = \frac{\text{제조간접원가계산}}{\text{기준조업도}} = \frac{8{,}000{,}000\text{원}}{10{,}000\text{시간}} = 800\text{원/시간}$$

이러한 과정을 거쳐 만나빵 한 박스당 표준원가는 〈표 3-6〉과 같이 8,800원으로 설정된다.

표 3-6_꿀맛빵 1개의 원가표준

원가요소	원가표준
재료원가	100g × 30원 = 3,000원
노무원가	1시간 × 5,000원 = 5,000원
제조간접원가	1시간 × 800원 = 800원
계	8,800원

여기서는 설명의 편의상, 책의 성격상 편하게 원가를 설정하는 것으로 설명하였지만, 실제 현장에서 표준을 설정하는 데는 과학적 자료에 덧붙여 전문가적 판단과 많은 노력이 필요함은 두말할 필요가 없다.

표준원가차이분석

표준원가계산제도의 운영에 있어서 또 한 가지 중요한 절차는 사후적으로 원가를 평가하는 일이다. 표준원가는 사전에 예측된 원가이기 때문에 실제로 발생하는 원가와는 거의 언제나 차이가 있기 마련인데, 이를 원가차이라고 한다.

원가차이 = 실제원가 - 표준원가

원가차이는 원가요소재료원가, 노무원가, 제조간접원가별로 그 차이를 발생시킨 주요 원인별로 분석하여 원가개선을 위한 피드백정보로 활용된다. 각 원가요소에 대해서는 〈표 3-7〉에서 보듯이 원가표준을 구성하는 각 요소별로 분석된다.

표 3-7_ 원가요소별 표준설정과 원가차이분석

원가요소	표준설정	원가차이분석
재료원가	수량 × 가격	수량차이, 가격차이
노무원가	시간 × 임률	시간차이, 임률차이
제조간접원가	예산에 의한 배부율	제조간접원가차이

앞에서와 같이 표준이 설정된 상황에서, 꿀맛제과점은 지난 달에

9,000시간 작업을 하여 8,000박스의 꿀맛빵을 생산하였고, 그에 따라 발생한 실제원가는 다음과 같다고 하자.

생산량	8,000박스	
작업시간	9,000시간	
원가발생액		
	재료원가 850,000g × @32원 =	27,200,000원
	노무원가 9,000시간 × @4,500원 =	40,500,000원
	제조간접원가	7,500,000원
	계	75,200,000원

생산된 8,000박스 꿀맛빵에 대한 표준원가는 다음과 같이 계산되어 7,040만 원이다.

| 표준원가 | 8,000박스 × @8,800원 = 70,400,000원

따라서 실제원가는 표준원가보다 480만 원 더 많이 발생하였다. 이러한 차이를 불리한 차이라고 한다. 실제원가가 표준원가보다 적게 발생한 경우의 차이는 유리한 차이라고 부른다.

| 1차 분석 | 원가차이 = 75,200,000원 − 70,400,000원
= 4,800,000원(불리한 차이)

전체적으로 480만 원의 차이가 발생했다는 정보만으로는 구체적으로 원가개선을 위한 조치를 취하기 어렵다. 따라서 이 원가차이는 다음과 같이 추가적으로 각 원가요소별로 차이를 분석하는 것이 필요하다.

<재료원가차이분석>

| 2차 분석 | 재료원가차이 = 실제재료원가 − 표준재료원가
= 27,200,000원 − (8,000박스 × @3,000원)
= 3,200,000원(불리한 차이)

| 3차 분석 | 가격차이 = (실제가격 − 표준가격) × 실제수량
= (@32원 − @30원) × 850,000g
= 1,700,000원(불리한 차이)
수량차이 = (실제수량 − 표준수량) × 표준가격
= (850,000g − 800,000g) × @30원
= 1,500,000원(불리한 차이)

지난달 재료원가는 표준보다 3,200,000원 더 발생하였는데, 세부적으로는 표준가격보다 높은 가격으로 투입됨으로써 1,700,000원 더 발생하였고, 표준수량보다 더 많은 수량이 투입되어 1,500,000원 더 발생한 것이다.

<노무원가차이분석>

| 2차 분석 | 노무원가차이 = 실제노무원가 − 표준노무원가
= 40,500,000원 − (8,000박스 × @5,000원) =
500,000원(불리한 차이)

| 3차 분석 | 임률차이 = (실제임률 − 표준임률) × 실제시간
= (@4,500원 − @5,000원) × 9,000시간
= − 4,500,000원(유리한 차이)
시간차이 = (실제시간 − 표준시간) × 표준임률
= (9,000시간 − 8,000시간) × @5,000원
= 5,000,000원(불리한 차이)

지난달 노무원가는 표준보다 500,000원 더 발생하였는데, 세부적으로는 표준임률보다 낮은 임률로 지급됨으로써 4,500,000원 덜 발생하

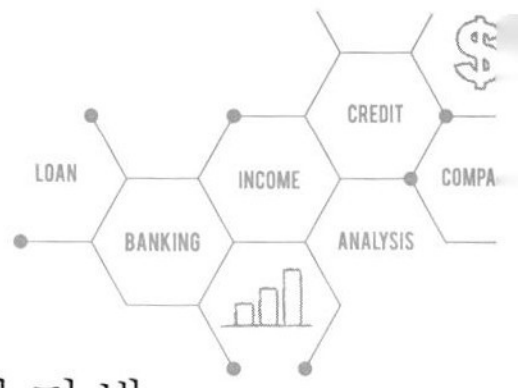

였으나, 표준시간보다 더 많은 작업시간이 투입되어 5,000,000원 더 발생한 것이다.

〈제조간접원가차이분석〉

| 2차 분석 | 제조간접원가차이 = 실제제조간접원가 - 표준제조간접원가
= 7,500,000원 - (8,000박스 × @800원)
= 1,100,000원(불리한 차이)

지난달 제조간접원가는 표준보다 1,100,000원 더 발생하였다. 제조간접원가차이에 대해서도 추가적인 3차 분석절차가 있지만, 다소 복잡한 내용으로 여기서는 생략한다.

각 원가차이의 원인은 자세한 조사를 통해 밝힐 수 있지만, 대체적인 원인을 열거하면 〈표 3-8〉과 같다. 경영자는 이러한 원인을 자세히 밝혀 개선함으로써 차후에는 동일한 원가차이가 발생하지 않도록 하는 노력을 기울여야 할 것이다.

표 3-8_ 원가차이의 발생원인

원가차이		대표적 원인
재료원가	가격차이	가격변동
	수량차이	비능률적 재료사용
노무원가	임률차이	임금인상
	시간차이	비능률적 작업
제조간접원가	제조간접원가차이	물가변동, 비능률적 작업, 예정된 생산 미달 등

목표원가계산

"만들 수 있는 제품을 만들 것인가,
아니면 팔 수 있는 제품을 만들 것인가?"

시장의 경쟁이 치열하지 않은 상황에서 기업은 만들 수 있는 제품을 만들기만 하면 시장에서 판매하는 데는 별 문제가 없었다. 그러나 시장의 경쟁이 치열해지면서 생산이 문제가 아니라 판매가 문제가 되었다. 아무리 좋은 제품을 만들어도 시장에서 팔 수 없다면 무용한 것이다. 그러므로 기업의 효과적인 전략은 시장에서 팔 수 있는 제품을 만드는 것이다.

팔 수 있는 제품을 만든다는 말은, 팔 수 있는 품질소비자가 원하는 품질의 제품을 팔 수 있는 가격소비자가 원하는 가격으로 만든다는 말이다. 이런 관점에서 소비자가 원하는 경쟁력 있는 가격을 실현하기 위해 개발된 원가관리기법이 목표원가계산제도 또는 원가기획이다.

전통적으로 기업은 가격을 결정할 때 다음과 같이 내부적인 원가분석을 바탕으로 적정한 이익을 가산하여 가격을 결정하여 왔다.

원가 + 이익 = 가격

그러나 원가기획은 시장에서의 정보수집을 토대로 목표시장에서 받아들일 경쟁력 있는 예상가격을 먼저 정한 다음 목표이익을 차감하여 달성하여야 할 목표원가를 구하는 시장지향적 방식을 따른다.

예상가격 - 목표이익 = 목표원가

예컨대 현대자동차가 급증하는 수입자동차에 경쟁하는 새로운 중형차를 개발한다고 하자. 현재 국내 소비자가 선호하는 2,000cc급 수입자

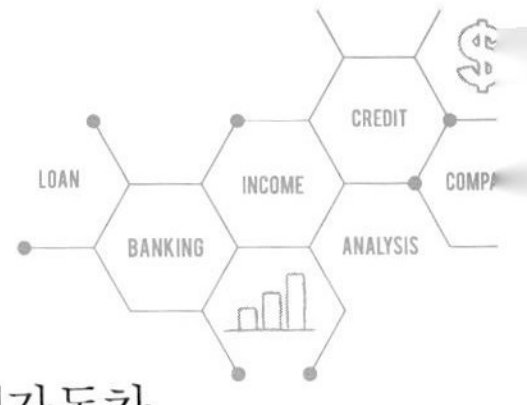

동차의 가격이 3,000만 원대의 가격으로 판매된다고 하면, 현대자동차 역시 새로운 모델의 중형차를 그 가격대로 맞추어야만 경쟁력을 가지게 될 것이다. 또한 현대자동차의 경영계획에 따르면 새로운 모델의 자동차 1대를 판매하여 적어도 300만 원의 이익을 얻어야만 된다고 하면, 수입자동차에 경쟁력을 가지기 위해서는 새로운 모델의 자동차를 적어도 2,700만 원 이하의 원가로 생산하여야만 하는 것이다.

이런 상황에서 새로운 자동차에 대한 설계를 완성하고, 그 설계를 기준으로 원가를 견적한 결과 2,900만 원으로 계산되었다고 하자. 견적원가가 목표원가를 200만 원 초과하게 되므로, 이 초과하는 200만 원을 절감하기 위한 설계변경 등의 검토를 다시 하게 된다. 이 과정에서 별 기능 없이 원가를 많이 발생시키는 부품을 제거하거나, 기능의 변경 없이 새로운 부품으로 대체함으로써 원가를 절감하는 등의 활동을 수행하게 되는데, 이러한 과정이 곧 가치공학value engineering; VE이다.

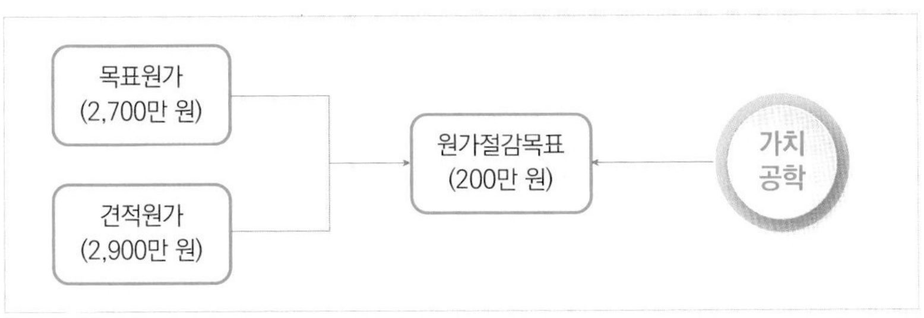

그림 3-11_ 원가기획과 가치공학

표준원가계산이 산업혁명 이후로 오랫동안 지속되어 왔던 표준화된 소품종 대량생산체제에 적합한 원가관리시스템이라면, 목표원가계산은 다양한 소비자욕구에 기초한 다품종 소량생산체제로 전환되는 상황에서 효과적인 원가관리시스템으로 인정된다. 과거 소수의 표준화된 제품의 대량생산체제가 주를 이루었을 때는 원가관리의 초점이 주로 생산공정에 있었으며, 제품기획 및 설계단계에서의 원가관리는 그렇게 중요시되지 않았다. 그러나 소비자의 욕구변화와 더불어 제품의 수명주기가 단축되면서 자연히 생산 이전 단계에서의 원가관리를 중요시하게 하였다.

일본의 도요타자동차가 고안하고 일본 제조업을 중심으로 확산된 목표원가계산원가기획은 가치공학·품질관리·산업공학 등의 공학적 방법과 원가관리기법을 통합하여, 합리적인 원가로 고객의 욕구를 충족시키는 제품을 개발하고자 하는 데 그 목표가 있다. 특히 원가기획팀은 설계·생산·기술요원을 중심으로 하나 경리·영업·구매, 심지어는 협력업체까지 참여한다. 일본 기업은 이러한 철저한 원가관리로 경쟁우위를 확고히 하고 있음을 짐작할 수 있다.

회맹탈출을 위한 3주간의 **회계여행**

DAY 4

손익분기점 찾기

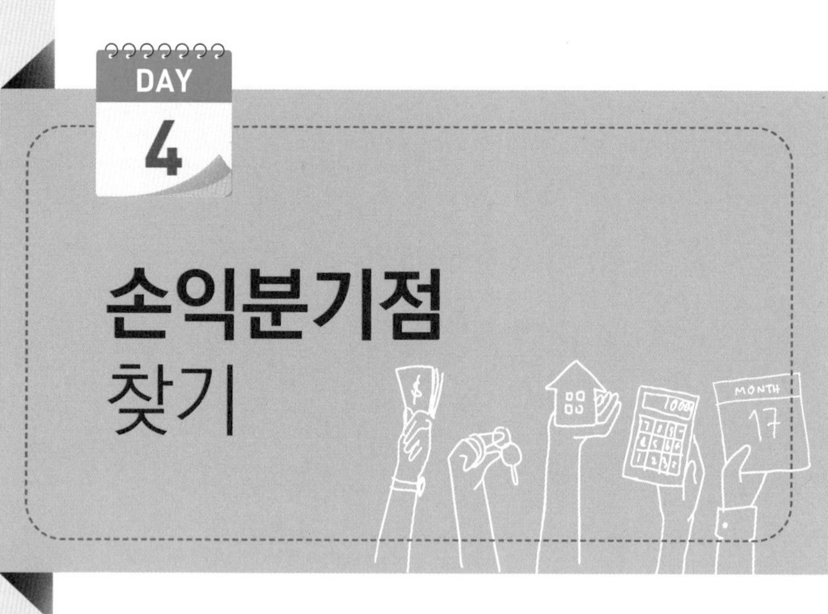

'아무리 못해도 본전은 건져야 한다'는 생각은 아마도 사업을 하는 사람이라면 누구든 가지게 되는 원초적 명제일 것이다. 실제 기업에서 어떠한 제품을 기획하면서 제일 먼저 고심하는 것이 무엇일까? 두 말할 필요도 없이 기획하는 제품을 생산·판매할 때 적정한 이익을 얻을 수 있을지 여부일 것이다. 기업의 궁극적 목적이 이익의 추구에 있으므로 그러한 생각은 당연하다.

기업이 제품을 생산·판매하면서 얼마만큼 팔릴 수 있을지를 예상하는 것은 필자가 이 책을 쓰면서 얼마나 많은 사람들이 이 책을 읽을 것인지를 예상하는 것처럼 불확실한 시장을 대상으로 하고 있다. 따라서 시장조사를 통해 적어도 손해는 보지 않을 것이라는 판단이 서야 비로소 제품생산 계획에 착수하는 것이 현명하다.

이때 이익은 고사하고 우선 손해를 보지 않으려면 최소한 팔아야 되는 판매량 또는 매출액을 생각하는 데서 출발하는데, 이를 손익분기점 break-even point; BEP이라고 한다. 이 손익분기점을 계산해 보는 데서 출발하여 다음과 같은 여러 가지 분석을 할 수 있다. 이를 손익분기점분석 또는 CVP cost-volume-profit 분석이라고 한다.

- 얼마를 벌기 위해서는 얼마를 팔아야 하나?
- 판매가격을 어떻게 변경하면 이익은 어떻게 될까?
- 이익을 높이기 위해서 어떤 원가를 어떻게 절감해야 하나?

한 예를 생각하자.

> 한여름백화점은 여름철을 맞아 해운대에 수영복 판매점을 개설하기로 하였다. 점포세는 월 100만 원이고 아르바이트 대학생 2명을 고용하여 월 50만 원씩의 고정급을 지급하기로 하였다. 수영복 평균 구입단가는 6,000원이고 판매가격은 10,000원으로 정하였다.

한여름백화점은 수영복 판매점을 개설하고는 과연 채산이 맞을지 걱정이다. 따라서 적어도 몇 벌은 팔아야 손해는 보지 않을지 손익분기점을 구해보기로 하였다. 손익분기점은 수익과 원가가 같아져서 이익이 0이 되는 판매량을 말한다. 이 손익분기점을 어떻게 달성할 수 있을까?

먼저 수익이 어떻게 발생하는지 생각해 보자. 수영복 판매점의 수익인 매출액은 한 벌 판매하면 10,000원, 두 벌 판매하면 20,000원 식으로 계속 발생할 것이므로 다음과 같이 나타낼 수 있다.

$$\begin{aligned} \text{수익} &= \text{가격} \times \text{판매량} \\ &= 10{,}000 \times \text{판매량} \end{aligned}$$

다음으로 원가는 어떻게 발생하는지 생각해 보자. 여기서 수영복판매점의 원가는 수영복구입원가처럼 판매량에 비례하여 발생하는 원가가 있는 한편, 점포세와 아르바이트생 급여처럼 월 고정적으로 발생하는 원가가 있다는 점에 주목하자. 중요하다! 판매량에 비례하여 발생하는 원가를 변동원가variable costs라고 하고, 판매량에 관계없이 고정적으로 발생하는 원가를 고정원가fixed costs라고 한다.

$$\begin{aligned} \text{원가} &= \text{변동원가} + \text{고정원가} \\ &= (6{,}000 \times \text{판매량}) + 2{,}000{,}000 \end{aligned}$$

손익분기점은 수익과 원가가 같아지는 판매량을 말하므로, 다음과 같은 관계가 성립한다.

$$\begin{aligned} \text{수익} &= \text{원가} \\ 10{,}000 \times \text{판매량} &= (6{,}000 \times \text{판매량}) + 2{,}000{,}000 \\ (10{,}000 - 6{,}000) \times \text{판매량} &= 2{,}000{,}000 \\ \text{판매량} &= \frac{2{,}000{,}000}{10{,}000 - 6{,}000} \\ &= 500(\text{벌}) \end{aligned}$$

즉, 500벌을 팔면 수익과 원가가 같아지는 손익분기점이 달성된다. 이렇게 손익분기점이 구해지기 때문에 이를 일반화시켜서 다음과 같은 공식으로 표현할 수 있다.

$$손익분기점\ 판매량 = \frac{고정원가}{가격 - 단위당변동원가}$$

여기서 손익분기점판매량을 구하는 공식의 분모인 '가격 - 단위당 변동원가'에 잠시 주목해 보자.

가격10,000원은 수영복 한 벌을 추가로 팔면 추가로 들어오는 수익이고, 단위당 변동원가6,000원는 수영복 한 벌을 추가로 판매하기 위하여 추가로 발생하는 원가이다. 따라서 그 차액4,000원은 수영복 한 벌을 추가로 판매하면 추가로 얻게 되는 이익으로 단위당 공헌이익contribution margin per unit - 경제학에서 한계이익marginal income으로 부르는 개념 - 이라고 한다. 다만 추가로 얻게 되는 이익이지 순이익은 아니라는 점에 유의해야 한다. 아직 고정원가를 차감하지 않았기 때문이다.

즉, 수영복 1벌을 판매하면 4,000원의 공헌이익이 발생하고, 2벌을 판매하면 8,000원, 3벌을 판매하면 12,000원, …. 500벌을 판매하면 200만 원의 공헌이익이 발생한다. 그런데 공헌이익은 고정원가를 차감하지 전의 이익이므로 순이익을 계산하려면 이 공헌이익에서 고정원가를 차감하여야 한다.

손익분기점은 수익과 원가가 같아 이익이 0이 되는 판매량을 말하는데, 달리 말하면 공헌이익이 고정원가를 완전히 메우게 되는 판매량, 즉 공헌이익과 고정원가가 같아지는 판매량을 말한다는 것을 알 수 있다.

따라서 이 수영복 판매점의 경우는 200만 원의 고정원가를 메울 수 있는 공헌이익을 발생시키는 판매량인 손익분기점이 얼마인지 알기 위해서는, 고정원가 200만 원을 단위당 공헌이익 4,000원으로 나누어 계산한다.

$$\text{손익분기점 판매량} = \frac{\text{고정원가}}{\text{단위당공헌이익}} = \frac{2,000,000}{4,000} = 500(\text{벌})$$

500벌의 수영복을 판매하면, 200만 원의 공헌이익이 발생하여 고정원가 200만 원을 완전히 메울 수 있어 손익분기점을 달성하게 된다. 501벌을 팔면 공헌이익이 2,004,000원이 되어, 고정원가를 메우고 비로소 순이익 4,000원이 발생한다.

여기서 우리는 한 가지 의문을 가질 수 있다. 수영복 판매수량을 일일이 세지 않고 금고 안에 들어온 돈으로 계산할 수 없을까 하는 점이다. 당연히 판매량이 아닌 매출액으로 손익분기점을 계산할 수 있다. 먼저 판매가격에 대한 공헌이익의 비율 - 이를 공헌이익률이라고 한다 - 을 생각한다. 앞의 예에서 공헌이익률은 0.4, 즉 40%이다. 즉, 매출액의 40%가 공헌이익이 된다는 의미이다.

$$\text{공헌이익률} = \frac{1\text{-단위당변동원가}}{\text{가격}} = \frac{10,000-6,000}{10,000} = 0.4$$

다음으로 고정원가를 이 공헌이익률로 나누면 손익분기점 매출액이 계산된다. 앞의 예에서 손익분기점 매출액은 500만 원으로 계산된다.

$$손익분기점\ 매출액 = \frac{고정원가}{공헌이익률} = \frac{2{,}000{,}000}{0.4} = 5{,}000{,}000(원)$$

이렇게 계산된 500만 원의 손익분기점 매출액은 곧 앞에서 계산된 손익분기점 판매량 500벌의 매출액이라는 것을 알 수 있다.

그림으로 찾는 손익분기점

손익분기점은 이처럼 수식으로 전개하여 쉽게 계산해 낼 수도 있지만, 〈그림 3-12〉처럼 그래프로 그려 시각적으로 나타낼 수도 있다. 이를 손익분기도표BEP Chart라고 한다.

손익분기도표의 횡축은 판매량, 종축은 수익, 원가, 이익의 금액을 나타낸다. 먼저 수익선을 그리고,

$$수익 = 10{,}000 \times 판매량$$

다음으로 원가선을 그린다.

$$원가 = 2{,}000{,}000 + (6{,}000 \times 판매량)$$

그러면 수익선과 원가선이 교차하는 점이 나타나는데, 여기가 바로 손익분기점이다. 이 손익분기점을 횡축에서 읽으면 손익분기점 판매량500벌이 되고, 종축에서 읽으면 손익분기점 매출액500만 원이 된다.

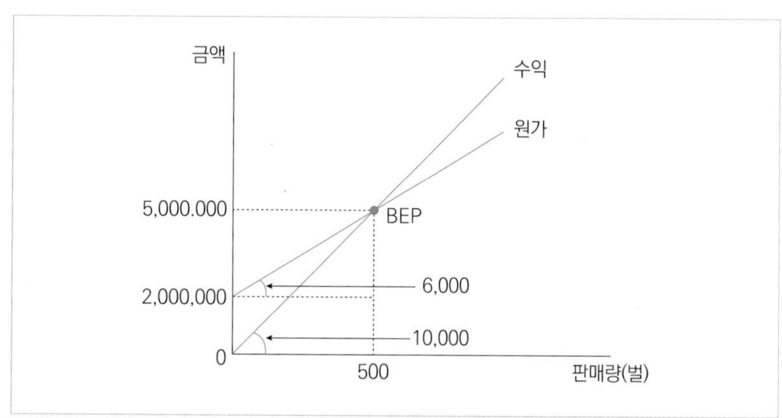

그림 3-12_ 손익분기도표

손익분기도표를 보면 손익분기점보다 많이 팔면 수익이 원가보다 크기 때문에 이익이 발생하고, 손익분기점보다 적게 팔면 원가가 수익보다 크기 때문에 손실이 발생한다는 점을 시각적으로 확인할 수 있다.

목표는 이익이다

기업의 경영목표가 결코 손익분기점의 달성에 있는 것은 아니다. 기업을 계속 발전시키면서 투자자는 물론 경영자·종업원·소비자 등 이해관계자들에게 공헌하는 사회적 책임을 수행하기 위해서는 적정이익을 얻어야 한다. 따라서 기업은 이런 점을 고려하여 미리 정한 일정한 목표이익을 추구한다. 그러면 당연히 목표이익을 달성하기 위하여 얼마만큼의 매출을 올려야 할 것인지에 관심을 기울일 것이다. 이러한 목표판매량은 손익분기점분석을 이용하여 쉽게 찾을 수 있다. 다시 수영복 판매점의 예로 보자.

수영복판매점의 월 목표이익이 50만 원이라고 가정하면, 이 목표이익을 달성할 수 있는 목표판매량을 얼마일까?

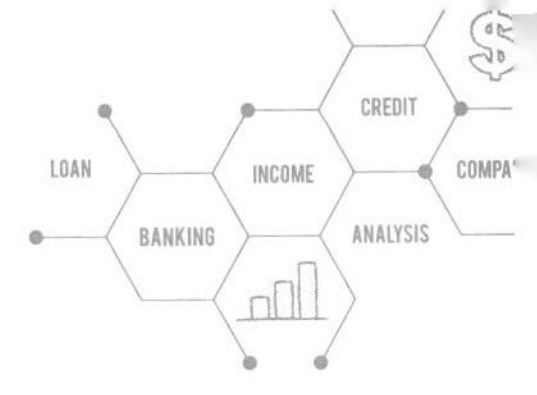

$$
\begin{aligned}
500{,}000 &= \text{수익} - \text{원가} \\
&= [10{,}000 \times \text{판매량}] - [(6{,}000 \times \text{판매량}) + 2{,}000{,}000] \\
&= [(10{,}000 - 6{,}000) \times \text{판매량}] - 2{,}000{,}000
\end{aligned}
$$

그러므로,

$$
\begin{aligned}
\text{(목표)판매량} &= \frac{2{,}000{,}000+500{,}000}{10{,}000-6{,}000} \\
&= 625\text{(벌)}
\end{aligned}
$$

즉, 625벌을 판매하면 월 50만 원의 목표이익을 달성하게 된다. 따라서 목표이익을 달성할 수 있는 목표판매량을 구하는 식은 다음과 같이 일반화하여 나타낼 수 있다.

$$
\text{(목표)판매량} = \frac{\text{고정원가} + \text{목표이익}}{\text{단위당 공헌이익}}
$$

목표이익을 실현하는 목표매출액 또한 다음과 같이 구할 수 있다.

$$
\text{(목표)매출액} = \frac{\text{고정원가} + \text{목표이익}}{\text{공헌이익률}}
$$

수영복판매점의 예를 보면, 목표이익 50만 원을 달성하는 목표매출액을 다음과 같이 구할 수 있다.

$$
\begin{aligned}
\text{(목표)매출액} &= \frac{2{,}000{,}000 + 500{,}000}{0.4} \\
&= 6{,}250{,}000\text{(원)}
\end{aligned}
$$

DAY 5

원가로 **선택하라**

"이리 갈까, 저리 갈까, 차라리 돌아갈까?"

흘러간 노래 가사이지만, 선택의 고민을 너무나 잘 표현하고 있다. 이러한 선택행동은 우리의 삶 속에서 끊임없이 이루어진다. 아침식사 메뉴의 선택에서부터, 출근하는 교통수단의 선택처럼 일상적 행동뿐만 아니라 학교의 선택, 직장의 선택, 배우자의 선택에 이르기까지 실로 우리는 선택의 굴레를 벗어날 수 없다.

이렇게 선택가능한 여러 대체안alternatives 중에서 하나의 최선안을 선택하는 행위를 의사결정decision making이라 한다. 기업활동에 있어서도 가격결정·생산량의 결정·구매처의 선택·시설의 확장이나 축소·시설의 교체 등 수 많은 문제의 해결을 위한 선택을 하게 되는데, 이를 특히 경영의사결정managerial decision이라고 한다.

의사결정을 할 때 우리는 무엇을 기준으로 최선의 안을 선택할 것인가? 예컨대 직장을 선택할 때는 대부분 급여수준은 높고 일은 편한 직장을 선택하려고 하고, 자동차를 구입할 때는 멋있고 가격이 싼 차를 선택하려고 한다. 그러나 불행하게도 이러한 모든 조건을 완벽하게 충족시켜주는 직장이나 자동차가 존재하지 않는 데 고민이 있다.

따라서 직장을 선택하거나 자동차를 구매하려는 사람이 궁극적으로 무엇을 추구할 것이냐에 따라 그 조건의 우선순위가 매겨질 것이다. 급여수준이 높은 직장이 우선인 사람은 일이 다소 고되더라도 급여수준이 높은 직장을 선택할 것이고, 멋지게 보이는 자동차를 구매하고자 하는 생각이 강한 사람은 다소 값이 비싸더라도 멋진 차를 구매할 것이다.

이 선택행위에서 우리는 두 가지의 중요한 기준을 구별해 낼 수 있다. 즉, 직장선택에서의 '급여수준'과 '일의 편함', 그리고 자동차선택에서의 '값'과 '멋'이 그것이다. '급여수준'과 '값'은 양量으로 측정되는 기준이며, '일의 편함'과 '멋'은 질質로 측정되는 기준이다. 이와 같이 대부분의 의사결정에서 우리는 양적 기준과 질적 기준에 의해 선택을 하게 된다.

경영의사결정 또한 이와 다르지 않다. 경영자는 어떠한 의사결정문제를 해결함에 있어 원가·수익·이익·투자와 같은 양적 지표를 대체적 방안의 평가지표로 삼을 뿐만 아니라, 기업의 사회적 책임·대중이미지·소비자반응·경쟁자반응·종업원태도와 같은 질적 기준 또한 중요한 평가기준으로 고려하여야 한다.

하지만 이익추구를 궁극적 목적으로 하는 기업의 경영의사결정에서는 원가는 적게 이익은 크게 하는 것이 대체로 가장 중요한 의사결정기준이 된다. 따라서 대부분의 경영의사결정을 위한 1차적 단계에서 원가분석이 이루어진다.

관련원가분석

간략한 예로 생각해 보자. 홍길동은 이번 주말에 오랜만에 옛 친구를 만나 생맥주 한 잔 하기로 하였다. 주변에 괜찮은 생맥주집으로 '얼씨구'와 '절씨구'가 있다. 며칠 전에 들러본 바에 따르면 둘 다 분위기는 괜찮은데 〈표 3-9〉와 같이 맥주와 안주의 값이 약간 달랐다.

다른 조건이 모두 비슷하다면, 약속장소로 어느 곳을 선택하는 것이 합리적 선택인가?

답은 당연히 '절씨구'일 것이다. 그 이유는 '안주 값이 10,000원 싸기 때문'이다. 이 의사결정문제는 너무나 간단한 상황이어서 긴 고민 없이

표 3-9_ 원가비교

생맥주집	얼씨구	절씨구
맥주 500cc	5,000원	5,000원
안주 한 접시	30,000원	20,000원

바로 할 수 있다. 그런데 이러한 의사결정을 한 과정을 잘 따져보면 복잡한 의사결정문제에서도 그대로 적용할 수 있는 분석법을 익힐 수 있다.

우선 이 의사결정에서 선택할 수 있는 대체안 두 곳의 원가를 비교한다. 그런데 맥주 값은? 비교할 필요가 없다. 동일하기 때문이다. 안주 값은 서로 다르고 절씨구의 안주 값이 얼씨구의 안주 값보다 10,000원 싸기 때문에 절씨구를 선택하게 된다. 이때 우리가 알고 있는 원가 중 안주 값만이 이 의사결정에 영향을 미치게 되고, 맥주 값은 영향을 미치지 않게 된다. 이렇게 의사결정에서 선택에 영향을 미치는 원가를 관련원가relevant cost라고 하고, 그렇지 않은 원가를 비관련원가irrelevant cost라고 한다.

복잡한 의사결정문제에서는 여러 가지의 많은 정보들이 존재한다. 이때 의사결정에 영향을 미치는 정보만 수집하고 비교 분석할 필요가 있다. 비관련정보는 쓸데없이 의사결정문제만 복잡하게 만들고, 그 수집에 돈, 시간, 노력이러한 것은 '정보비용'이라고 한다이 소요될 뿐 의사결정에는 아무런 도움이 되지 않기 때문이다.

그러면 어떤 정보가 관련정보일까? 원가에 국한해서 본다면 일단 대체안 간에 차이가 있어야 한다는 것이다. 앞의 맥주 값처럼 대체안 간에 차이가 없으면 비관련원가이고 차이가 있는 안주 값만이 관련원가가 되어 의사결정에 영향을 미치게 된다. 따라서 관련원가인 안주 값만 〈표 3-10〉처럼 비교하여 안주 값이 적은원가가 낮은 절씨구대체안를 선택하는 방식을 차액분석differential analysis이라고 한다.

그러면 여기서 비관련원가를 포함하면 어떻게 될까? 얼씨구는 35,000원, 절씨구는 25,000원이 되어 의사결정은 변함이 없게 된다. 즉,

표 3-10_차액분석

관련원가	얼씨구(A)	절씨구(B)	차이(A-B)
안주 값	30,000	20,000	10,000

비관련원가는 분석에 포함하든 제외하든 의사결정에 영향을 미치지 않는다는 것이다. 다만, 비관련원가가 포함되면 의사결정문제가 더 복잡해지고 추가적 정보를 수집하는 데 따른 추가적 비용정보비용이 소요되기 때문에 제외하는 것이 현명하다.

매몰원가는 잊어라

'과거를 묻지 마세요'라는 오래전의 대중가요가 있다. 이미 지나간 과거를 들추어 아무런 득도 안 되는 평지풍파를 일으키지 말고, 미래를 생각해야 한다는 미래의 중요성을 시사해 주는 말이다.

모든 의사결정은 항상 미래적이다. 지금 이 책을 읽고 있는 독자가 이 책을 읽기 시작할 것인지 말 것인지를 결정하지는 못한다. 이미 읽기 시작한 것이기 때문이다. 다만, 결정할 수 있는 것은 계속 읽을 것인지 그만 읽을 것인지 미래 행동에 대한 것일 뿐이다독자들 스스로 지금의 의사결정으로 과거를 바꿀 수 있는지 생각해 보라. 경영의사결정 또한 마찬가지다. 모든 의사결정이 미래적이기 때문에 "~였는데"라는 과거 자료는 의사결정에 아무런 도움이 되지 않고, "만일 ~한다면 ~할 것인데"라는 미래 자료만이 의사결정에 도움이 될 뿐이다.

사실 우리는 의사결정을 하면서 과거의 자료들을 많이 이용하는데, 엄격히 따져보면 중요한 전제가 있다. 과거의 상황이 미래에도 그러할 것이라는 전제다. 예컨대, 앞의 맥줏집 예에서 홍길동은 친구와 생맥주를 마시기 위해 안주 값이 싼 절씨구를 갔다고 하자. 그런데 절씨구의 안주 값이 35,000원으로 인상되어 있었다면 어떻게 되는 것인가?

예에서 홍길동이 의사결정할 때 비교한 자료는 며칠 전 들렀을 때 알게 된 과거정보였다. 그때 맥주 값과 안주 값이 그러했으니 지금도 그러할 것이라고 생각한 것이다. 이것을 원가회계에서는 과거원가past cost라고 하며, 의사결정에 영향을 미치지 않는 비관련원가이다. 생각해 보라. 과거에 술값이 쌌다는 것이 지금 내가 술집을 선택하는 데 어떻게 영향을 미치겠는가?

의사결정에서 사용하여야 하는 관련원가는 미래 발생할 것으로 예상되는 미래원가future cost만이 관련원가가 된다. 홍길동이 생맥주 집을 선택할 때 이용한 정보는 비록 과거에 수집한 정보이지만, 미래 그 집을 간다면 지급해야 할 것으로 예상되는 맥주 값, 안주 값, 즉 미래원가일 때 관련원가가 된다는 점에 주목할 필요가 있다.

또 한 예를 보자. 놀부네는 10년이나 된 구형 냉장고를 가지고 있는데 매월 전기료통지서만 받을 때면 많은 전기료에 아내가 투덜대곤 하였다. 보다 못해 놀부는 신형의 절전형 냉장고를 구입하는 것이 어떻겠느냐고 제안했다. 그런데 막상 그러한 제안을 받았을 때, 아내는 비록 전력소모는 많지만 10년 전에 '거금'을 들여서 구입하였고, 아직도 말짱하여 5년은 더 사용할 수 있을 것으로 생각하고 망설이기만 하였다. 놀부도 그 말에 동의하고 새 냉장고를 구입하는 것은 일단 보류하기로 하였다.

이러한 놀부네의 의사결정과정은 합리적이었을까? 결론적으로 말하면, 앞으로의 지출을 고려한다기보다는 이미 지출한 과거의 '거금'에 너무 집착하여 잘못 결정하였을 가능성이 있다. 생각해 보자. 과거의 거금은 이미 10년 전에 지출된 돈이고, 그 돈이 앞으로의 상황을 바꿀 수 있는 것은 아무 것도 없으며, 또한 어떠한 의사결정도 이미 지출된 그 거금을 바꿀 수는 없다. 오히려, 제대로 의사결정을 하려면, 구형의 냉장고를 앞으로 5년간 계속 사용한다면 지출하여야 할 전기료, 신형의 냉장고를 구입한다면 지출해야 할 구입가격과 앞으로의 전기료 및 구냉장고 처분비용 등과 같이 미래에 발생할 원가만을 생각하여야 한다.

이와 같이 과거에 이미 지출된 과거원가로 미래의 의사결정에 아무런 영향을 미치지 못하며 매몰원가sunk cost라고 한다. 이 매몰원가는 의사결정에 아무런 영향을 미치지 못하면서 괜히 의사결정문제만 복잡하게 만든다.

사례: 아웃소싱의사결정

이 책을 읽는 독자분들 중 많은 분들이 아마도 자동차공장을 견학한 적이 있을 것으로 생각한다. 자동차공장의 생산라인을 돌아보면, 자동차생산이라는 것이 대부분 부품조립 공정으로 이루어져 있음을 금방 알게 되었을 것이다. 평균 수만 개의 부품으로 조립된다니 실로 놀라운 일이 아닐 수 없다. 그런데, 이 많은 부품 중에서 자동차회사가 직접 만드는 부품은 별로 없고, 거의 협력업체를 통해 제작 구매한다는 사실 또한 잘 알고 있는 사실이다.

이렇게 필요한 부품을 외부에서 구입하는 것을 아웃소싱outsourcing이라고 한다. 아웃소싱은 근래 들어 제품생산을 위한 부품은 물론이고 관리부문까지 확대되고 있음은 주목할 만한 현상이다. 그 극단적인 형태는 나이키처럼 회사의 핵심역량인 연구개발기능만 남기고 생산을 아예 아웃소싱하는 무공장기업의 형태까지 나타나고 있는 것이다.

기업이 아웃소싱하는 이유는 여러 가지가 있다. 제품의 품질관리, 기술개발, 거래관계, 경기변동에의 유연한 대응 등 전략적 측면이 많지만, 무엇보다 중요한 측면은 원가절감의 방편으로 널리 이용된다는 점이다. 이러한 아웃소싱여부는 자가생산의 경우와 비교하여 면밀히 검토한 후 결정하여야 한다.

한 예를 보자. 하늘자동차에서 월 10,000개 정도 소요되는 엔진을 현재 자가생산하고 있는데, 이것의 아웃소싱여부를 검토하고 있다. 자료수집 결과 현재 자가생산 원가는 엔진 1개당 재료원가 10만 원, 노무원가 15만 원이 발생하고, 제조간접원가는 월 20억 원이 발생하고 있다.

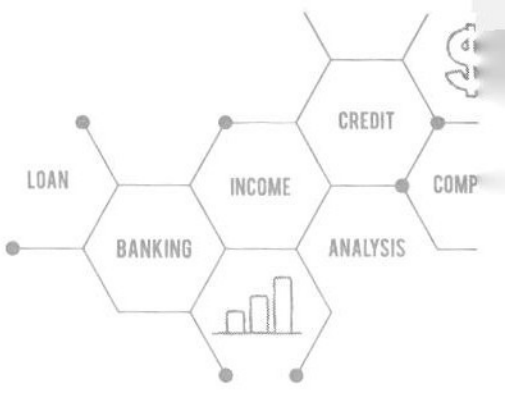

표 3-11_ 아웃소싱 의사결정 차액분석

(수량: 10,000개, 금액단위: 100만 원)

구분	자가생산(A)	아웃소싱(B)	차액(A-B)
재료원가	1,000	-	1,000
노무원가	1,500	-	1,500
제조간접원가	2,000	-	2,000
구입가격	-	4,000	-4,000
합계	4,500	4,000	500

외부에서는 1개당 40만 원의 가격으로 구입할 수 있을 것으로 예상된다. 이 간단한 아웃소싱여부의 의사결정은 〈표 3-11〉과 같이 분석된다.

이 분석에 따르면 결국 엔진을 아웃소싱하면 자가생산하는 것보다 월 5억 원의 원가를 절약할 수 있다. 다만, 이 분석에서는 자가생산을 중단하고 아웃소싱을 하면 모든 원가 특히 제조간접원가 20억 원도 전혀 발생하지 않는다는 것을 전제로 한 점에 주목할 필요가 있다. 만일 이미 설치한 설비로 인해 일정한 원가를 그대로 부담하는 회피불능원가unavoidable cost가 있다면 그만큼의 원가를 아웃소싱원가에 더해야만 정확한 분석이 된다.

아웃소싱 의사결정문제에서는 대체로 소요량이 많은 경우에는 자가생산을 하는 것이 유리하고 소요량이 적은 경우에는 아웃소싱이 더 유리한 것이 일반적이다. 그 이유는 거액의 제조간접원가가 거의 고정적으로 발생하기 때문이다. 위의 예로 생각해 보자. 먼저 자가생산하는 경우의 원가는 고정적으로 20억 원제조간접원가이 발생하고, 1개 생산에 따라 변동원가가 25만 원재료원가와 노무원가씩 발생한다고 가정하면 그 원가함수cost function를 다음과 같이 나타낼 수 있다.

생산원가 = 2,000,000,000 + (250,000 × 생산량)

그러나 아웃소싱하는 경우에는 고정원가는 없이 1개 구입에 따라 40만 원씩 지급하면 되므로 그 원가함수는 다음과 같다.

구입원가 = 400,000 × 구입량

이 두 원가함수를 그래프로 그려보면 〈그림 3-13〉과 같다.

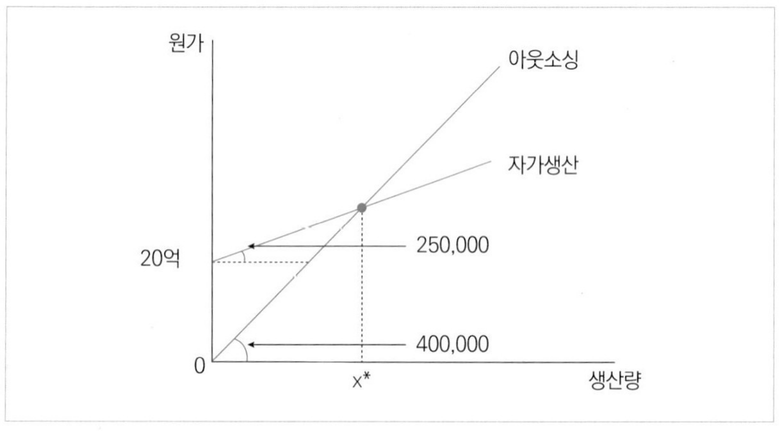

그림 3-13_ 소요량과 아웃소싱 의사결정

이 〈그림 3-13〉에서 보면 자가생산하는 경우의 원가선과 아웃소싱하는 경우의 원가선이 교차하게 되고, 그 교차점X* 이상의 수량에서는 자가생산하는 경우에 더 적은 원가가 발생하나 그 이하에서는 아웃소싱하는 경우에 더 적은 원가가 발생함을 알 수 있다. 이 교차점의 수량은 두 원가함수가 같아지는 곳이므로 다음과 같이 구해진다.

2,000,000,000 + 250,000X = 400,000X 단, X는 수량

X ≒ 13,333(개)

즉, 자가생산하든 아웃소싱하든 동일한 원가가 발생하는 엔진소요량은 월 13,333개이고, 그 이상에서는 자가생산하는 것이, 그 이하에서는 아웃소싱하는 것이 원가측면에서 더 유리하다.

한편, 이러한 의사결정은 요즈음 서비스에 대해서도 널리 이용된다. 예컨대, 소규모기업에서 회계처리를 위해 회계담당자를 고용자가생산할 것인지 아니면 공인회계사나 세무사에게 회계업무를 의뢰아웃소싱할 것인지, 청소나 경비와 같은 일을 위해 직접 종업원을 고용자가생산할 것인지 아니면 외부의 청소용역회사나 경비용역회사에 의뢰아웃소싱할 것인지 검토하여 결정할 수 있다.

DAY 6

순간의 선택이 **10년을 좌우한다**

"순간의 선택이 10년을 좌우한다."

이는 과거 어느 전자회사의 광고문안으로서, 냉장고나 TV와 같은 내구성 가전제품을 잘못 사면 10년은 고생하므로 구입할 때 신중히 잘 사라는 메시지를 담고 있다. 그러나 이 광고문안은 단순히 해당 회사의 제품을 선전하는 차원을 넘어 '선택' 그 자체의 중요성을 다시 한번 일깨워 주는 메시지로 붐을 일으키기도 했었다.

우리 한국인들에게 가장 익숙한 선택문제는 아마도 〈자장면? 짬뽕?〉이 아닐까 싶다. 중국음식점을 들어갔을 때 옆의 사람이 자장면을 먹고 있으면 자장면을 먹고 싶고, 앞의 사람이 짬뽕을 먹고 있으면 짬뽕을 먹고 싶으니, 이조차 선택이 쉽지가 않다. 점심 한 끼쯤이야 혹시 입맛에 맞지 않더라도 한 끼만 대충 때우면 되겠지만, 만일 새로운 컴퓨터나 새 차를 구입하고자 한다면 그렇게 간단하게 의사결정을 할까?

경영의사결정 중에는 냉장고나 TV 정도가 아니라 거액의 자금 투입과 꽤나 장기간 동안 경영성과에 영향을 미칠 수 있는 의사결정문제가 많이 있다. 예컨대 새로운 기계장치의 도입, 장기적인 연구개발 프로젝트의 실시, 새로운 공장의 건설 등은 이러한 의사결정문제에 해당한다. 이러한 문제는 그 중요성만큼이나 면밀한 검토·평가를 거친 후에 결정하여야만 하는데, 그 공식적 평가방법을 투자의 경제성분석 또는 자본예산capital budgeting이라고 한다.

자본예산의 대상이 되는 투자안은 1회성 사업과 마찬가지이므로, 당해 투자안과 관련되어 나가고 들어오는 모든 돈을 평가하여, 나가는 돈보다 들어오는 돈이 더 많아야 투자할 가치가 있다고 평가한다. 예컨대, 100만 원을 투자하여 110만 원을 얻을 수 있는 투자안이라면 분명히 투자할 가치가 있지만, 100만 원을 투자하여 90만 원을 얻을 수 있는 투자안이라면 투자할 가치가 없다. 따라서 나가고 들어오는 현금, 즉 현금흐름cash flow을 정확히 파악하여야 한다.

현금흐름은 나가는 돈현금유출액과 들어오는 돈현금유입액으로 파악되는데, 현금유출액은 처음의 투자액, 투자에 따른 추가적 운영비, 투자에 따른 수선유지비 등이 있고, 현금유입액은 투자로 인한 추가적 수입, 능률증진에 의한 원가절감액, 내용연수 후의 처분가치 등이 있다.

현금흐름을 파악할 때 몇 가지 주의할 점이 있다. 우선, 그 발생시점을 정확히 파악하여야 한다. 그 이유는 바로 다음에 설명할 화폐의 시간가치를 고려하여야 하기 때문이다. 둘째는, 감가상각비와 관련하여 주의하여야 한다. 감가상각비는 이미 이루어진 현금유출액을 기간별로 나누어 배부하는 비용이기 때문에, 감가상각비를 계산하는 시점에서 실제 현금흐름이 발생하는 것은 아니다. 그러나 감가상각비는 세법에서 비용으로 계산되므로 감가상각비에 세율을 곱한 금액만큼 세금을 감소시켜 실제 세금으로 지출될 현금흐름을 감소시킨다. 예컨대 감가상각비가 10만 원 계상되더라도 현금이 10만 원 지출되는 것은 아니지만, 세율이 20%라고 가정하면 감가상각비가 계상됨으로써 2만 원= 100,000 × 20%의 세금을 줄이는 효과가 있다. 이를 흔히 감가상각비의 세절약효과tax savings effect라 한다.

한 예를 보자.

부농산업은 농기계 대여업을 하는 회사이다. 이 회사에서는 금년에 새로 개발된 모심기 기계 '모심'을 구입하여 대여하는 문제를 검토하고 있다. 모심에 관해 수집한 자료는 다음과 같다.

구입가격	5,000,000원
내용연수	5년
연간 수입	1,500,000원
연간 수선비	500,000원
5년 후 처분가치	없음
연간 감가상각비	1,000,000원
법인세율	20%

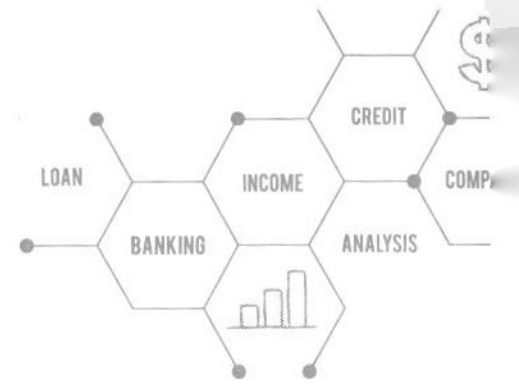

이 예에 대한 현금흐름을 파악하면 〈표 3-12〉와 같다.

표 3-12_모심의 현금흐름

현금유출액		현금유입액	
구입가격		연간수입액(5년)	
	5,000,000		1,500,000 × 5 = 7,500,000
수선유지비(5년)		감가상각비세절약액(5년)	
	500,000 × 5 = 2,500,000		1,000,000 × 0.2 × 5 = 1,000,000
계	7,500,000	계	8,500,000

이 계산에 따르면, 현금유입액 합계850만 원가 현금유출액 합계750만 원보다 크므로 투자할 가치가 있는 것으로 평가된다그러나 사실 이 계산은 정확하지 못하다. 왜 정확하지 않은지는 다음에 설명이 될 것이다.

자본예산의 기본적인 생각이야 이렇듯 단순하지만 경영자가 현실적으로 부딪히는 자본예산문제는 거액의 자금을 필요로 하고 장기적인 문제이기 때문에 많은 불확실한 요소와 함께 훨씬 더 체계적으로 분석할 필요가 있다. 자본예산기법에는 화폐의 시간가치, 자본비용이라는 개념이 적용된다.

화폐의 시간가치와 순현가

"오늘의 1원의 가치는 내일의 1원의 가치와 다르다."

화폐의 시간가치의 의미를 쉽게 말하면 그렇다. 우리가 은행에서 돈을 빌리면 일정한 이자를 지급하게 된다. 이자를 지급하는 이유가 무엇일까? 그것은 현재의 화폐효용을 포기한 대가로 지급되는 것이다. 현재 내가 가지고 있는 10만 원을 쓸 수 있는 방법은 여러 가지가 있다. 그러나 지금 내가 이 10만 원을 다른 사람에게 한 달간 빌려준다면, 나는 지금 그 돈을 쓸 수 있는 기회를 포기하고 한 달 뒤에 다시 10만 원을 받아 쓸 수 있게 된다. 지금의 10만 원과 한 달 뒤의 10만 원 중 어느 것을 선택할 것인가? 두말할 필요도 없이 같은 10만 원이라면 현재의 10만 원을 선택할 것이다. 그 이유는 현재 내가 쓸 수 있는 모든 기회에 그 돈을 쓸 수 있을 뿐만 아니라, 최소한 한 달 동안 그대로 보관하더라도 한 달 뒤에 10만 원을 갖게 됨으로써 동일한 효용을 얻을 수 있기 때문이다이 말은 물론 물가의 변동을 고려하지 않은 경우에 맞는 말이다. 따라서 현재의 1원은 미래의 1원보다 항상 높은 가치를 가진다. 화폐가치의 이런 측면을 화폐의 시간가치time value of money라고 한다.

이러한 화폐의 시간가치는 단기적 의사결정문제에서는 크게 영향을 미치지 않으므로 거의 무시되지만, 장기적 의사결정문제에 있어서는 상당한 영향을 미칠 수 있으므로 중요한 요인으로 고려되어야 한다. 그러면 화폐의 시간가치를 어떻게 고려할 것인가? 〈그림 3-14〉를 보자. 화폐의 시간가치를 나타내는 지표인 이자율이 연 10%라면 현재의 100원의 가치현재가치, present value는 1년 뒤의 110원의 가치미래가치, future value와 같다. 이를 거꾸로 이야기하면, 1년 뒤의 110원은 현재의 100원과 같은 가치를 가진다.

자본예산은 장기간의 현금흐름을 파악하여 이와 같은 방법으로 화폐

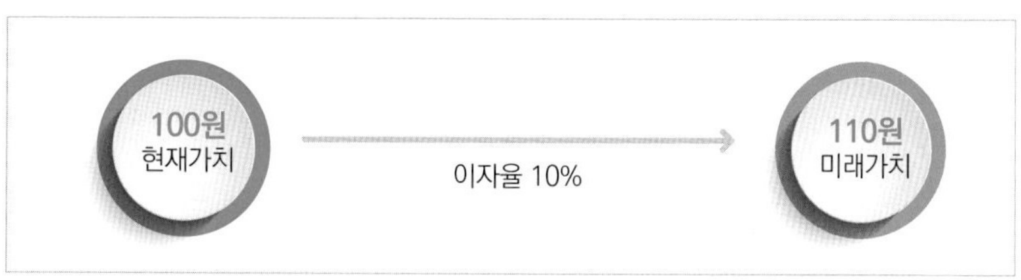

그림 3-14_ 화폐의 시간적 가치

의 시간가치를 고려할 필요가 있다. 즉, 시간가치가 다른 화폐를, 앞의 예에서 비교하였던 것처럼, 단순히 비교하는 것은 마치 100원과 100달러를 그냥 100 : 100으로 비교하는 것과 같으므로, 같은 시간가치의 화폐로 환산하여 비교하여야 한다.

따라서 현금흐름액 모두를 현재의 가치로 환산하여 비교 평가한다. 현금유입액의 현재가치에서 현금유출액의 현재가치를 차감한 금액인 순현가net present value; NPV를 계산하고, 순현가가 0보다 큰 경우에 그 투자안은 투자할 가치가 있다고 평가하는 방법이 널리 이용되는데, 이를 순현가법이라고 한다<그림 3-15>. 순현가법에서는 화폐의 시간가치를 고려하여 현금유출액보다 더 많은 현금유입액이 있어야 투자할 가치가 있다고 판단하는 것이다.

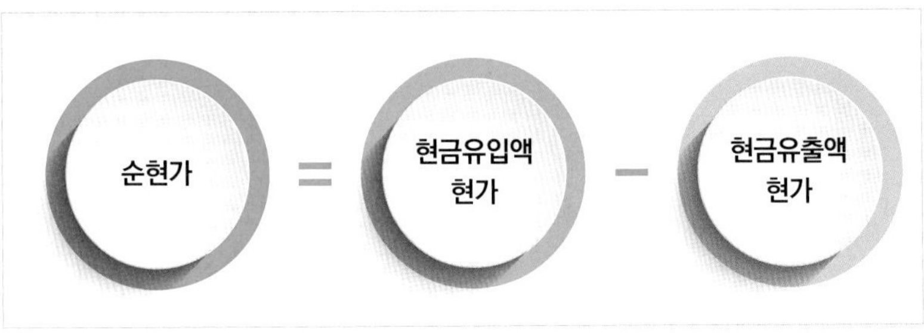

그림 3-15_ 순현가

그렇다면, 앞에서 본 부농산업의 예는 〈표 3-12〉와 같이 수정 계산되어야 정확한 것이다.

표 3-13_모심의 현금흐름과 순현가

1. 현금흐름

(단위: 만 원)

기간	현재	1년	2년	3년	4년	5년
유출액	500	50	50	50	50	50
유입액	-	170	170	170	170	170

*매년의 현금유입액 170만 원은 150만 원과 감가상각비 세절약효과 20만 원 (=1,000,000 × 20%)을 합한 금액이다.

2. 순현가계산

유입액현가 = 1,700,000 × 3.791*
= 6,444,700

유출액현가 = 5,000,000 + (500,000 × 3.791*)
= 6,895,500

순 현 가 = 6,444,700 - 6,895,500
= - 450,800

* 3.791은 이자율 10% 기간 5년 연금의 현가율($\sum_{n=1}^{5} \frac{1}{(1+0.1)^n}$)이다.

연금(annunity)이란 매년 동일한 금액의 현금흐름을 말한다.

* (연금)현가율은 미래가치를 현재가치로 환산하는 데 적용되는 값으로, 이자율과 기간에 맞춰 미리 계산해 둔 표를 이용할 수 있다.
* 순현가는 엑셀(Excel)의 NPV 함수를 이용해서 쉽게 계산할 수 있다. 엑셀로 계산한 순현가는 -410,051원이다. 값이 일치하지 않는 것은 현가율 계산에서 소수점 이하 값의 처리가 다르기 때문이다.

이 분석자료에 의하면, 단순히 계산하여 750만 원= 500만 원 + (50만 원 × 5)년 들여 850만 원170만 원 × 5년 벌 수 있는 것으로 생각했던 사업이, 화폐의 시간가치를 고려하니까 오히려 현재의 가치로 45만 원만큼 손해 보는 사업이라는 것을 알 수 있다.

물론 경영자는 이러한 양적 자료를 기초로 하되, 여기에 반영되지 않는 다른 질적 요소들예컨대 기업의 이미지, 장기적 고객관리, 장기전략 등을 고려하여 최종결정을 하여야 할 것이다.

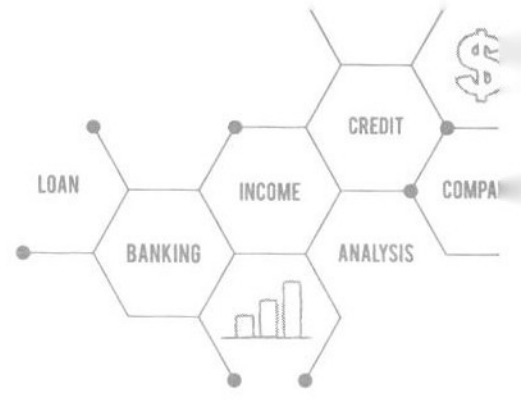

자본비용과 내부이익률

"사업에 공짜돈은 없다."

은행에서 연 10% 이자율의 자금을 빌려 어떤 사업에 투자하려고 할 때, 만일 그 사업에서 기대되는 연 이익률이 10% 미만으로 예상된다면 그 투자안은 포기할 것이다. 연 10%짜리의 자금을 그보다 낮은 가치에 투자하면 분명 손해를 보기 때문이다. 이때 자금을 사용함으로써 치러야만 하는 값인 이자 10%를 자본비용cost of capital이라고 한다. 자본예산 문제에서는 거액의 자금이 투자되기 때문에 그 값자본비용을 명시적으로 고려하여야만 한다.

이 자본비용은 은행으로부터 돈을 차입하는 경우에는 명시적으로 부담하게 되므로 투자안의 평가에서 쉽게 고려하지만, 기업의 내부유보자금을 이용하는 경우에는 간혹 무시할 수 있다. 그러나 기업에서 일정한 자금을 어떤 투자안에 투자하는 것은 다른 모든 대체안을 포기하는 결과가 되므로, 비록 내부유보자금을 이용하는 경우라 하더라도 다른 투자안을 포기하는 기회비용을 자본비용으로 고려하여야만 한다.

부채의 자본비용은 명시적인 이자비용이 되지만, 부채의 이자비용이 세법에서 비용으로 인정되어 그만큼 세금을 줄여주는 효과가 있으므로 이것을 고려한 실제의 부채비용은 다음과 같이 명시적인 이자비용보다 낮다.

부채의 자본비용 = 이자율 × (1 − 세율)

예컨대, 은행으로부터 10%의 대출을 받은 기업의 법인세율이 20%라면 실제 부담하게 되는 부채비용은 8%(= 0.1 × 0.8)가 된다. 한편, 자기자본에 대해서는 일반적으로 지급되는 배당금을 자본비용으로 생각하고 다음과 같이 계산한다.

$$\text{자기자본의 자본비용} = \frac{\text{1주의 연간 배당금}}{\text{1주의 현재 시장가격}}$$

즉, 현재 액면 5,000원의 주식이 10,000원으로 거래되고 있는 기업에서 연 20%의 배당을 실시할 경우, 이 기업의 자기자본 비용은 10%(=(5,000 × 0.2) ÷ 10,000)가 된다. 이 기업이 자기자본을 어떤 사업에 투자할 경우 10%의 기회비용을 부담하는 셈이 된다.

그런데 거의 모든 기업에서 자기자본과 부채를 같이 이용하고 있고, 또 자본조달에 있어서도 반드시 특정 투자만을 위해서가 아니라 여러 목적으로 조달하는 경우가 많다. 이런 경우에는 개별적인 자본비용을 계산하기가 곤란하므로 평균적인 자본비용을 계산하여 적용할 필요가 있다. 평균적인 자본비용은 다음과 같이 각 재원의 구성비율을 고려한 가중평균자본비용을 계산한다.

가중평균자본비용 = (자기자본 자본비용 × 자기자본 구성비율)
+ (부채 자본비용 × 부채 구성비율)

앞의 예에서 자기자본의 구성비율이 60%, 부채의 구성비율이 40%라면 가중평균비용은 다음과 같이 9.2%로 계산된다.

가중평균자본비용 = (0.1 × 0.6) + (0.08 × 0.4)
= 0.092

이렇게 계산된 자본비용은, 앞에서 본 순현가를 계산할 때의 할인율로 적용되기도 하지만, 자본비용 자체가 투자안 평가의 기준으로 활용되기도 한다. 적어도 투자로 인한 수익률이 이 자본비용보다는 높아야 한다는 판단을 한다. 이때 계산되는 수익률은 화폐의 시간가치를 고려한 현금흐름의 관점에서 계산하여야 한다. 현금유입액의 현재가치와 현금유출액의 현재가치를 일치시켜 주는 할인율 - 이를 내부이익률internal rate of return; IRR이라고 한다 - 을 계산하고<그림 3-16>참조, 이 내부이익률이 자본비용보다 높은 경우에 투자할 가치가 있다고 평가하는 것이다.

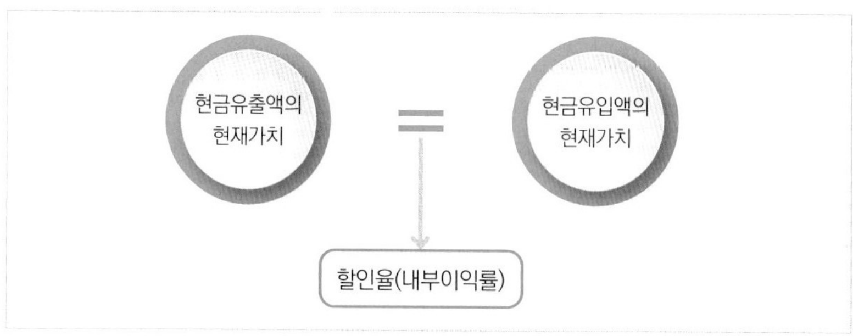

그림 3-16_ 내부이익률

내부이익률은 그 계산과정이 번거로운 반복과정iteration을 거쳐 계산되는데, 다행히 엑셀Excel을 이용해 쉽게 계산할 수 있다함수 IRR을 이용. 모심의 투자계획에 대한 내부부이익률은 6%로 계산된다.

내부이익률(6%) 〈 자본비용(10%)

결과적으로 내부이익률보다 자본비용이 크므로 이 투자안은 기각되어야 할 것이다. 내부이익률법에 의한 결론은, 아주 특별한 경우를 제외하고, 언제나 순현가법에서와 일치한다.

투자는 빨리 회수할수록 좋다: 회수기간법

고상하지는 않지만 '먹튀'라는 말이 있다. 먹고 튀었다는 말인데, 한때 우리나라에 투자했던 외국인 투자자가 빼먹을 것 다 빼먹고 도망철수갔다는 표현이었다. 기업윤리상 결코 용납하기 힘든 일이지만, 냉정한 기업의 세계, 그것도 글로벌시대에 어쩔 수 없는 일일 수도 있다. 우리나라 기업 또한 글로벌시대에 맞춰 세계 각국으로 투자를 넓히고 있는 것이 현실이다. 특히, 싼 인건비의 이점을 노린 중국, 태국, 베트남 등 동남아지역에 대한 투자가 많다.

경제환경과 문화가 다른 외국에 대한 투자는 사실 우리가 미처 파악하지 못한 불확실성이 큰 것이 사실이다. 이러한 경우 경영자의 중요한 관심 중의 하나는 우선 투자한 돈은 건질 수 있을지, 그것도 얼마나 빨리 회수할 수 있을지에 대한 것이다. 이러한 논리에 따라 판단하는 투자안 평가법이 있다. 곧 회수기간payback period법이다.

회수기간은 말 그대로 투자한 금액이 회수되는 기간을 의미한다. 따라서 회수기간법은 투자의 회수기간을 계산하고, 그 기간이 회사에서 회수되어야 한다고 생각하는 기간보다 짧은 경우에 그 투자안을 채택하며, 회수기간이 짧을수록 우수한 투자안으로 평가하는 방법이다. 한 예를 보자.

꿈돌이 인형사에서는 국내의 인건비 압박을 피하여 중국이나 베트남으로 인형공장을 지어 한시적으로 운영해 보려고 한다. 사장은 중국과 베트남 중 어느 곳이 좋을지 저울질하고 있다. 이에 따른 현금흐름 예상액은 다음의 〈표 3-14〉와 같다고 하자.

표 3-14_꿈돌이 인형사의 투자안 현금흐름

(단위 : 달러)

기간	중국	베트남
0	(1,200,000)	(1,500,000)
1	300,000	600,000
2	300,000	500,000
3	300,000	400,000
4	300,000	300,000
5	300,000	200,000
6	300,000	100,000
7	300,000	-
8	300,000	-

즉, 중국투자안은 120만 달러를 투자하여, 8년 동안 연 30만 달러의 현금유입이 발생할 것으로 예측하고, 베트남투자안은 150만 달러를 투자하여 6년 동안 〈표 3-14〉에서 보는 바와 같은 현금유입이 발생할 것으로 예측하고 있다. 사장은 이러한 상황에서 해외투자의 위험성을 고려하여 가능하면 투자액을 빨리 회수하는 투자안을 선택하려고 한다.

이러한 생각에 따라 각 투자안의 회수기간을 계산한다. 우선 중국투자안은 투자 후 매년 30만 달러씩의 현금유입액이 발생하므로, 투자액을 연간 현금유입액으로 나누어 다음과 같이 4년으로 계산된다.

$$\text{중국투자안의 회수기간} = \frac{1{,}200{,}000}{300{,}000} = 4(\text{년})$$

베트남투자안은 매년 동일한 금액이 유입되지 않으므로 중국투자안처럼 계산할 수가 없고, 매년의 현금유입액을 누적시켜, 투자액과 같아지는 시점이 회수기간이 된다. 즉, 3년째의 현금유입 누적액이 투자액과 같은 150만 달러이므로 회수기간은 3년이 된다. 따라서 회수기간만으로 평가하면, 중국투자안보다 베트남투자안이 더 우수한 투자안으로 평가된다.

그런데 이러한 평가에 대하여 의문을 가지는 독자가 있을 것이다. 중국투자안은 8년간 총현금유입액이 240만 달러로 투자액 120만 달러를 차감하면 120만 달러의 순유입액이 예측되는 한편, 베트남투자안은 6년간 총현금유입액이 210만 달러로 투자액 150만 달러를 차감하면 60만 달러의 순유입액이 예측되기 때문이다단, 화폐의 시간가치를 무시한 단순계산 기준.

이렇게 회수기간법은 불확실성이 매우 큰 위험한 투자안에 대해서는 하나의 중요한 기준을 제시해 주지만, 회수기간 이후의 현금유입액을 고려하지 않음으로써 사업수익성이 정확히 반영되지 않으며, 화폐의 시간가치를 고려하지 않는 결함이 있다. 따라서 이 방법만에 의한 투자안평가는 미흡하다고 할 수 있다. 자본예산기법이 적용되어야 하는 투자안의 중요성만큼이나 다양한 측면의 평가가 이루어지는 것이 필요하다.

회맹탈출을 위한 3주간의 **회계여행**

DAY

7

WRAP UP

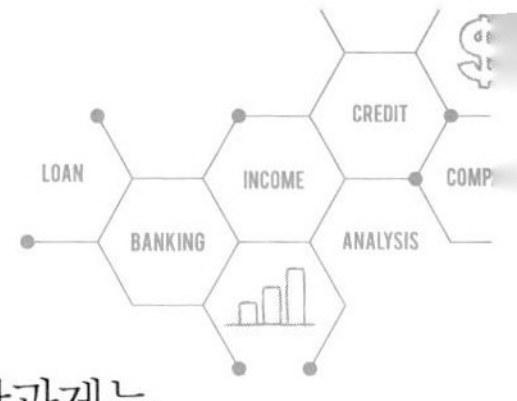

- 글로벌 경제체제에서 무한경쟁을 하여야 하는 기업의 지상과제는 경쟁력을 높이는 것이다. 기업의 경쟁력은 크게 품질경쟁력과 가격경쟁력으로 구분하며, 가격경쟁력은 다른 말로 원가경쟁력이라고 할 수 있다.
- 회계는 그 지향하는 정보이용자에 따라 재무회계와 관리회계로 구분되는데, 재무회계는 주주·채권자 등의 외부정보이용자를 주로 지향하며, 관리회계는 경영자 등 내부정보이용자를 지향한다.
- 오늘날 경영자의 지상과제인 경쟁력 제고에는 원가관리가 핵심이므로, 경영자를 위한 회계인 관리회계와 원가를 다루는 원가회계는 거의 동일시된다.
- 원가는 일반적으로 어떤 제품을 생산하는 데 투입된 경제적 자원의 가치를 말하지만, 엄격히 원가개념은 훨씬 더 복잡하다. 원가개념은 다양하며 원가정보를 이용하고자 하는 목적에 따라 적합한 원가개념은 따로 존재한다다른 목적에는 다른 원가.
- 제품의 원가를 투입되는 자원의 형태에 따라 재료원가, 노무원가, 경비로 분류하며, 이를 원가의 3요소라 한다.
- 제품원가 중에는 특정 제품의 생산에만 발생하는 원가가 있고, 여러 제품의 생산에 공통적으로 발생하는 원가가 있다. 전자를 직접원가, 후자를 간접원가라고 한다.
- 재료원가는 다시 직접재료원가와 간접재료원가, 노무원가는 다시 직접노무원가와 간접노무원가로 분류될 수 있으며, 경비는 대부분 간접원가이다. 이 분류에서 간접재료원가, 간접노무원가, 경비를 모두 합하여 제조간접원가라고 분류한다.
- 생산현장에서 발생하는 원가를 합하여 제조원가라고 하며 재무제표에서 재고자산으로 측정되는 원가이다. 이 제조원가에 기업의 다른 활동, 즉 판매 및 관리활동에 투입되는 자원의 가치, 즉 판매

비와 일반관리비를 합하여 총원가라고 한다.

- 원가를 관리하기 위한 첫 걸음은 원가를 제대로 계산하는 것이다. 어느 곳에서 어떤 원가가 얼마나 발생하는지를 아는 것이 필요하기 때문이다.
- 원가를 계산하는 기본적인 방법은, 마치 주부가 마트에서 시장 보는 과정을 따라가면서 시장비를 계산하는 것처럼, 제품이 생산되어지는 과정을 따라가면서 투입되는 원가를 집계하는 과정이다. 직접원가는 바로 더하고 간접원가는 적절한 기준에 따라 나누어 합한다.
- 원가계산에는 정형적인 두 가지 방식이 있다. 하나는 주문생산과 같은 생산방식에 적합한 개별원가계산이고, 다른 하나는 규격화된 제품을 연속 생산하는 방식에 적합한 종합원가계산이다. 그러나 실제 기업에 적용되는 원가계산방식은 생산방식의 다양성만큼이나 다양한 방식으로 이루어질 수 있다.
- 미리 바람직한 수준의 능률적 원가표준원가를 예측해 두고, 실제 생산 후 발생하는 원가실제원가를 표준원가에 비추어 평가하고, 그 차이의 원인을 찾아 개선함으로써 원가를 관리하는 방식이 표준원가계산이다.
- 표준원가계산에서는 표준의 설정이 중요하다. 원가표준은 어렵게 달성가능한 수준의 능률을 기준으로 설정하는 것이 표준원가계산의 목적에 바람직하다. 너무 어려운 수준이나 너무 쉬운 수준의 표준을 설정하면 목적을 제대로 달성할 수 없기 때문이다.
- 원가표준은 제품 단위당 각 원가요소재료원가, 노무원가, 제조간접원가별로 설정된다.
- 사후적으로 측정되는 실제원가에서 표준원가를 차감하여 원가차이를 계산한다. 원가차이는 불리한 차이실제원가>표준원가나 유리한 차

이(실제원가<표준원가)로 계산될 수 있다.

- 원가차이는 각 원가요소별로 분석되어 원가차이의 원인을 찾아가는 단서를 제공한다.
- 표준원가계산은 산업혁명 이후 소품종 대량생산 시대에 잘 맞는 원가관리기법이었으나, 현대와 같이 다품종 소량생산 시대에는 적합성이 떨어지며, 이에 맞는 원가관리기법으로 목표원가계산이 있다.
- 목표원가계산은 일명 원가기획이라고도 하며, 경쟁력 있는 예상시장가격을 기반으로 달성하여야 할 목표원가를 계산하는 데서 출발한다.

$$예상가격 - 목표이익 = 목표원가$$

- 목표원가계산은 제품설계과정에서 원가를 추정(견적)하여 견적원가가 목표원가를 초과하는 경우에는 가치공학의 기법을 적용한 설계를 반복하여 목표원가를 달성하는 방식으로 원가를 관리한다.
- 원가정보를 이용하여 손익분기점을 찾을 수 있다. 이때 원가는 생산·판매량에 비례하여 발생하는 변동원가와 생산·판매량에 관계없이 일정하게 발생하는 고정원가로 나누는 것이 중요하다.
- 손익분기점 판매량은 다음의 식으로 구할 수 있다.

$$손익분기점\ 판매량 = \frac{고정원가}{가격 - 단위당변동원가}$$

- 손익분기점 매출액은 다음의 식으로 구할 수 있다.

$$손익분기점\ 매출액 = \frac{고정원가}{공헌이익률}$$

- 목표이익을 달성할 수 있는 판매량과 매출액은 손익분기점을 구하는 공식에서 분자에 목표이익을 더하여 계산하면 구할 수 있다.

$$목표판매량 = \frac{고정원가 + 목표이익}{단위당공헌이익}$$

$$목표매출액 = \frac{고정원가 + 목표이익}{공헌이익률}$$

- 기업에서 이루어지는 많은 의사결정은 원가를 비교 분석하여 원가가 적은, 즉 이익을 크게 하는 대체안을 선택할 수 있다.
- 원가를 이용한 의사결정에서는 원가를 관련원가와 비관련원가로 구분하는 것이 중요하다. 대체안 간에 차이가 있는 미래원가가 관련원가가 된다.
- 비관련원가는 의사결정에서 영향을 미치지 않으면서 문제를 복잡하게 만들고 추가적 정보비용을 발생시키므로 제외하는 것이 합리적이다. 그럼에도 불구하고 사람들은 많은 의사결정에서 전형적인 비관련원가인 매몰원가에 집착하는 경향이 있다.
- 신공장 건설 등 장기간에 걸쳐 그 효과가 발생하는 일시의 거액이 투자되는 안에 대한 의사결정은 매우 엄밀하게 평가할 필요가 있다. 특별히 자본예산기법이 적용된다.
- 자본예산기법에서는 현금흐름을 예측하고 화폐의 시간가치, 자본비용 등을 고려하여야 한다. 대표적으로 순현가법과 내부이익률법이 있다.
- 순현가법은 현금유입액의 현재가치에서 현금유출액의 현재가치를 차감한 순현가로 투자의 경제성을 평가한다. 순현가가 양의 값이 나오면 일단 투자의 경제성이 있는 것으로 평가한다.
- 내부이익률법은 현금유입액의 현재가치와 현금유출액의 현재가치

를 일치시키는 내부이익률을 계산하여 투자의 경제성을 평가한다. 내부이익률이 자본비용보다 크면 일단 투자의 경제성이 있는 것으로 평가한다.

- 특별히 불확실성이 큰 투자안에 대해서는 투자액을 몇 년 만에 회수할 수 있는지 회수기간을 계산하여 투자여부를 판단하는 방법을 회수기간법이라고 한다. 회수기간이 짧을수록 우수한 투자안으로 평가하지만, 화폐의 시간가치나 투자의 수익성을 제대로 고려하지 않아 보완적으로 사용할 수 있는 기법이다.

Epilogue
새로운 세상을 발견하다!

오늘날의 세상을 글로벌 세계라고 한다. 전 지구를 하나의 생활권, 지구촌으로 보는 시각의 표현이다. 과거에는 상상하기 어려울 정도로 많은 사람들이 국경을 넘나드는 여행을 즐긴다. 이 글을 쓰는 지금은 안타깝게도 코로나19의 팬데믹이 그 발걸음을 묶어놓은 안타까운 상황이지만 말이다.

해외여행의 시대에 외국어 지식의 필요성은 새삼 강조하지 않아도 될 정도로 중요하면서 유용하다. 물론 구글 번역기의 도움을 받을 수도 있고, 대충 대충 여행할 요량이면 몰라도 그 나라를 제대로 보고 느끼기 위해서는 현지 언어를 아는 것만큼 중요한 것이 없다. 현지 언어를 아는 만큼 그 나라를 더 많이 알게 되기 때문이다.

일본어를 알면 일본이 보이고, 프랑스어를 알면 프랑스가 보인다.

마치 그러하듯이,

회계를 알면 기업이 보인다. 회계는 기업의 언어이기 때문이다!

회사에 다니는 직장인이든, 주식 투자에 관심이 있는 잠재적 투자자이든, 사업을 막 시작하려는 미래 경영자이든, 어떤 회사가 돌아가는 상황을 알고 싶은 경우를 자주 접하게 될 것이다. 어떤 회사를 제대로 평가하는 수단과 방법은 수없이 많지만, 하나의 단일한 수단으로서 재무제표만 한 것은 없다.

어떤 회사의 사정을 알고 싶어 하는 사람 앞에 그 회사의 재무제표를 건네주었을 때, 회계를 전혀 모르는 입장이라면 일어를 전혀 모르는 사

람에게 일본 신문을 건네주는 것과 마찬가지로 당황스러운 상황이 될 것이다.

회맹會盲, 이 상황을 벗어나는 것이 필요하다.

현대 자본주의 세상에서 살아가는 우리들에게 어쩌면 회계는 이제 상식이라 할 수 있기 때문이다.

차근차근 이 책의 책장을 넘기면서 회계세상을 여행하는 것,

어쩌면 많은 인내가 필요했을 수도 있으리라.

그러나,

지금 이 에필로그를 읽고 있는 독자라면, 그 인내의 시간을 지나고 새로운 세상, 기업을 새롭게 보는 혜안을 가지게 되었기를 염원한다.

천신만고 끝에 꿈에 그리던 고향 이타카에 다다른 오디세우스의 감격이 그대로 전달되기를 기원한다.

저자 소개

정명환_cpa3788@naver.com

고려대학교에서 경영학박사를 취득하였으며 공인회계사이다. 오랫동안 경성대학교 회계학과 교수로 재임(1981년~2020년)한 후 지금은 공인회계사로 활동하고 있다. 경성대학교 교수 재임 중 기획처장, 상경대학장, 경영대학원장 등을 역임하였고, 미국 일리노이대학과 일본 고베대학에 교환교수로 다녀왔다. 21권의 저역서와 54편의 논문을 저술하였으며, 한국회계학회로부터 학술상, 한국공인회계사회로부터 우수논문상을 수상하였고, 교육에 대한 공로로 홍조근정훈장을 수여받았다. 저자는 특히 간편회계가이드(2013년), 성공하는 사람들의 원가마인드(2013년), 알기 쉬운 세금가이드(2017년) 등의 저술을 통해 회계 지식을 보급하기 위해 힘쓰고 있다.

이장희_jlee@kku.ac.kr

고려대학교에서 경영학사·석사·박사학위를 받은 후, University of North Texas에서 Visiting Scholar로 연구를 하였다. 한국산업은행(KDB) 기업분석부를 시작으로 LG투자증권 Research Center, 보험연구원, 무한기술투자 등에서 근무하면서 은행, 증권, 보험, 벤처캐피탈 등 다양한 금융분야와 기업들을 경험하였다. 이 밖에 (주)골프존 경영고문과 (주)아이디에스 사외이사 겸 감사위원장을 역임했고, 기술보증기금 자산운용성과평가위원을 비롯한 다양한 심사위원 경험이 있으며, 2012년에는 대통령표창(제186294호)도 받았다. 현재는 건국대학교 교수로 재직하면서 한국기업경영학회에서 회장을 맡아 그동안의 경험을 바탕으로 실천적인 경영학 연구의 실무적 적용에 매진하고 있다.

회맹탈출을 위한 **3주간의 회계여행**
회계오디세이

초판 1쇄 인쇄 2022년 3월 5일
초판 1쇄 발행 2022년 3월 10일

저 자 정명환 · 이장희
펴낸이 임순재
펴낸곳 (주)한올출판사
등 록 제11-403호
주 소 서울시 마포구 모래내로 83(성산동 한올빌딩 3층)
전 화 (02) 376-4298(대표)
팩 스 (02) 302-8073
홈페이지 www.hanol.co.kr
e-메일 hanol@hanol.co.kr
ISBN **979-11-6647-196-4**

회맹탈출을 위한 3주간의 **회계여행**

회맹탈출을 위한 3주간의 **회계여행**

회맹탈출을 위한 3주간의 **회계여행**